CANAL

62 JEUX DE COMMUNICATION

Dominique GILBERT
Nicole SERRAT
Christophe COMPAN

EDITION ET DIFFUSION

EGICO

39230 CHAUMERGY - TEL. 84 48 68 00 - FAX. 84 48 65 33
36.15 FITL * EGICO

ISBN 2.905119.01.2
Dépôt légal 2e trimestre 1993

MERCI, MERCI, MERCI A :

Line ABERLOW, Myriam ACKERMANN, Pascale AUGUSTIN, Philippe AULAGNIER, Marc BENOIT, Chantal BIKUNDA, Jean-Jacques BUONO, Marilyne CARTEYRON, Claude CASSANOVA, Alain CAYROL, Pierre-Ange CHARLES, Michel FAGET, Djin FALLENOT, Jean-Claude FUCHEY, Charline GOUDOU, Saïda HINDERER, Brian VAN DER HORST, Samia LAJHAOUI, Marie-Cécile LERNOUX, Carmela LOSPEON, Jean-François MARECHAL, Sandra MICHEL, Sabine de MALENCEY, Pascale MENUET, May-li N'GUYEN-KI, Alain NICOLOT, Lisbeth O'CONNORS, Jacques PERES, Sylvie PERFETTI, Evelyne PERROUD, Isabelle PLICQUE, Pascale RICHARD, Salvador ROQUET, Bernard ROUILLY, Rosine SEGNON, Linda-Maria SERRANO, Christian-Jacques SERRAT, Daniel SOULIER, Olga SPROVITCH, Annick TROÏ

Monique BAILLY, Simone, Aurélia, Shirley, et Caroline GILBERT, Séverine et Julie COMPAN pour leur concours direct ou indirect.

VOUS AVEZ DIT "LUDIQUE" ?

Une nouvelle communication, ou plus précisément, de nouveaux éclairages sur la communication, se sont développés au cours des années 70-80 avec successivement l'Analyse Transactionnelle, la systémique, et la P.N.L.

Le point commun de ces trois écoles est de préférer l'observation à la théorisation :

• L'Analyse Transactionnelle d'Eric BERNE examine les champs de nos relations de façon fort simple : Ça marche / Ça ne marche pas, sans chercher à savoir pourquoi. Pour illustrer ces observations, l'A.T. propose un mini vocabulaire : Les "états" Parent-Adulte-Enfant que nous adoptons alternativement, les positions de vie (je suis OK-OK), les transactions d'un état à l'autre qui peuvent être agréables et efficaces ou le contraire, les jeux qui sont des petits scénarii pervers, les strokes qui consistent à envoyer des touches gratifiantes ou agressives à l'autre, les drivers qui sont des comportements refuges automatiques etc...

• La P.N.L. de John GRINDER et Richard BANDLER qui privilégie l'observation de l'expérience subjective et la congruence du comportement par rapport à nos états internes en nous proposant de modéliser l'excellence, toujours sans chercher à comprendre pourquoi.

• L'Approche Systémique de Paul WATZLAWICK et de Joël de ROSNAY, qui nous propose une conception de la réalité plus globale, analogique, paradoxale que les théories analytiques traditionnelles sur les phénomènes humains.

Si ces trois écoles marquent leurs différences, elles font néanmoins partie du même flux d'idées, et portent des regards identiques sur les choses, la vie et les hommes. Ces nouveaux regards peuvent nous séduire, nous agacer, ou nous déranger pour plusieurs raisons : nouveau vocabulaire, amalgames audacieux, refus d'explications à base analytique... Mais il ne nous laissent *jamais* indifférents.

Nous nous devions donc de rester, avec ces “62 jeux de communication”, dans la philosophie générale de ces trois courants d'idées novatrices et rafraîchissantes la plus vieille activité du monde : communiquer.

Communiquer n'est pas théoriser mais “faire”, “dire”, “bouger”, “jouer”... ...“comprendre” viendra *pendant* l'action, le mot, le geste, les peurs et les rires, beaucoup plus intimement et profondément.

Ce livre est donc un instrument de jeu destiné à

“Faire pour comprendre”

Vous pouvez l'utiliser lors d'un séminaire portant sur :

- La communication.
- La négociation.
- L'Analyse Transactionnelle.
- La P.N.L.
- La systémique.
- Le management.
- La vente.
- Le développement personnel.

mais aussi entre vous dans l'entreprise, ou entre amis.

Si vous avez des remarques à nous faire ou des idées pour la prochaine édition de jeux nous vous remercions de nous contacter :

C.R.I. : CENTRE DE RECHERCHE SUR L'INFLUENCE
39230 CHAUMERGY - Tél. 84 48 68 00 - Fax. 84 48 65 33
36.15 FITL * CRI

Nous vous souhaitons beaucoup de plaisir !

FAITES VOS JEUX

PHOTOCOPIES, PHOTOCOPIES...

La reliure de ce livre a été réalisée sans couture, uniquement avec de la colle, afin de vous permettre une bonne mise à plat pour réaliser les photocopies nécessaires au déroulement des jeux.

MAIS AUSSI...
CLASSEURS PERSONNALISES A VOTRE MARQUE :

Les Editions EGICO tiennent à votre disposition des classeurs ou les 62 jeux sont reproduits en format A4.

Nous pouvons donc composer pour vos stagiaires des classeurs sur mesure avec les illustrations des pages de garde et les textes à leur remettre.

Nous pouvons également personnaliser la couverture de ces classeurs avec le logo, le graphisme, les couleurs de votre entreprise et reprendre l'intitulé de votre stage.

Demandez un devis sur mesure aux éditions EGICO.

L'EMPIRE DES SENS

PNL

L'EMPIRE DES SENS

THEME	**Les modes de perception.**
DUREE	**15 minutes.**
MATERIEL	**Aucun.**

Le but du jeu.

Cet exercice, très complet, permet aux participants une prise de conscience individuelle forte de leurs mécanismes de perception d'une information, de la représentation sensorielle (Visuelle, Auditive ou Kinesthésique) de cette information ainsi que des mécanismes de mémorisation à base sensorielle.
Ils effectuent ainsi leur "bilan sensoriel".

Préparation.

L'animateur demande aux participants de se répartir deux par deux et d'effectuer les 3 séries d'exercices suivants :
dont il fait la démonstration avec un volontaire.

1 Série visuelle

L'animateur, assis, prend

- la posture n° 1 (jambes écartées mains sur les genoux par exemple)
- la posture n° 1, puis la posture n° 2 (bras croisés)
- les postures n° 1, n° 2, puis n° 3 (jambes croisées)
- les postures n° 1, n° 2, n° 3, puis n° 4 (main gauche sur la bouche)
- les postures n° 1, n° 2, n° 3, n° 4, puis n° 5 (deux mains derrière la nuque)
- les postures n° 1, n° 2, n° 3, n° 4, n° 5, puis n° 6 (une jambe repliée sous la chaise

- Les postures n° 1, n° 2, n° 3, n° 4, n° 5, n° 6, puis n° 7 (mains jointes sous le menton)

Le volontaire doit reproduire les gestes dans l'ordre.

2 **Série auditive**

L'animateur donne les informations suivantes au volontaire avec une pause de 5 secondes entre chaque information :

- Je m'appelle Lionel BOUCHACOUR,

  ....

- je suis né le 17 février 1965,

  ....

- je suis prothésiste dentaire,

  ....

- j'habite rue des capucins,

  ....

- je pratique le tir à l'arc,

  ....

- mon meilleur ami s'appelle Lucien,

  ....

- j'ai une Volvo 480 S.

  ....

Le volontaire doit répéter les informations exactes et dans l'ordre.

3 **Série Kinésthésique**

L'animateur demande au volontaire de fermer les yeux et il lui tend successivement : un stylo, une cigarette, une clé, un ticket de métro, une feuille de papier, sa chaussure, un briquet (ou tout autres objets que l'on trouve facilement dans un stage).

Le volontaire doit identifier les objets par le toucher, dans l'ordre.

L'animateur propose une seconde fois les mêmes objets mais dans un ordre différent, le volontaire doit rectifier l'ordre initial.

Déroulement.

Les participants deux par deux s'entraînent à effectuer les mêmes exercices, avec d'autres postures, d'autres mots, d'autres objets.

Exploitation.

L'exercice terminé l'animateur du jeu fait observer que :

- Nous mémorisons entre 5 et 9 informations maximum à la fois (Georges MILLER).
- Nous avons plus de facilités pour la mémoire visuelle, la mémoire auditive ou la mémoire kinesthésique selon les individus.
- Lorsqu'un mode est "pauvre" nous utilisons un autre mode : visualiser les informations kinesthésiques ou auditives, "compter" les informations visuelles...

SORTIE D'AUTOROUTE

SORTIE D'AUTOROUTE

THEME	**Modification de croyances, paramètres d'environnement et paramètres de choix.**
DUREE	**4 heures.**
MATERIEL	**Aucun.**

Le but du jeu.

Nous sommes bien souvent enfermés dans un univers de conventions, de valeurs et de croyances qui nous limitent. Nous traçons nous-mêmes nos propres frontières, par exemple en considérant l'univers, l'environnement, les autres comme hostiles a priori.

Cette décision remonte probablement à nos origines préhistoriques où l'homme avait perpétuellement à se battre contre la nature, les autres primates et les animaux (le réflexe face à un animal dans la nature est encore bien souvent de l'écraser, de le capturer ou de le tuer d'une manière ou d'une autre).

Depuis peu, face à un inconnu, nous développons des sentiments différents, autres que de l'agresser, mais nous conservons la convention "qu'on ne parle pas à un inconnu" (les jeunes gens de bonne famille doivent être présentés pour se parler).

Si on adresse la parole sans raison valable, à quelqu'un dans la rue, à la caissière de l'hypermarché, on risque de passer pour un personnage bizarre, louche, dragueur, ou qui a quelque chose à vendre, de toute façon suspect.

Préparation.

L'exercice consiste à demander aux participants de sortir dans la rue et de lier connaissance sérieusement pendant plus d'une heure, avec quelqu'un, un passant, un commerçant, et de restituer au groupe cette expérience, l'émotion et la qualité de la relation établie

Déroulement.

Les participants sortent avec pour mission de ne revenir qu'au bout d'une heure et demie, après avoir sérieusement "rencontré" un homme, une femme, ses idées, son passé, ses projets et sa vie.

Les réticences doivent être expliquées comme le premier signe du changement.

Exploitation.

Un ou deux participants n'auront rencontré qu'un coiffeur ou la boulangère et tenu des propos rituels, plusieurs sont bouleversés par la facilité avec laquelle un "lien" peut s'établir avec un inconnu à condition de l'écouter, de le laisser parler (après quelques minutes de méfiance).

La moisson est considérable. L'animateur devra rapidement traiter les explications sur l'inconnu et recentrer le débat sur les notions de lien, les modifications de comportement, de croyances, l'élargissement des horizons personnels de ceux qui sont "sortis de l'autoroute de leurs conventions", examiner ce qui a changé en eux après cet exercice, et leur nouvelle façon d'aborder les gens, les choses et la vie avec un a priori "amical".

Le jour de sa mort, on demanda à Einstein ce qui était le plus important sur terre. Sa réponse fut "considérer le monde comme amical". Et il précisa que celui qui abandonne l'a priori d'hostilité pour adopter celui "d'amical" s'offre l'univers, ses potentialités et ses possibilités dans toutes les directions y compris celles les plus inexplorées.

LA PLAGE

LA PLAGE

THEME	**Gestuelle et proxémique.**
DUREE	**20 minutes.**
MATERIEL	**Feuilles de paper-board, vidéo.**

Le but du jeu.

Lorsque nous communiquons, les autres perçoivent plus la signification de nos gestes que le contenu de notre discours. Il a été mesuré que l'autre est sensible :
d'abord à ce qu'il voit : 60 %, puis à ce qu'il entend (ton de la voix) 33 %.
Et seulement à 7 % du contenu de ce que nous lui disons.

L'exercice consiste à prendre conscience de la portée signifiante de nos gestes, et de quelques lois qui s'y rapportent.

Préparation.

Disposer d'une grande salle vide, sans table ni chaise, qui sera "la plage", inscrire sur une feuille scotchée à une fenêtre : "la mer", distribuer à chaque participant une feuille de paper-board qui sera sa serviette de bain.

Déroulement.

Phase 1.

Chaque participant doit s'installer sur "la plage" et sur sa serviette de bain, face à la mer.

Phase 2.

Lorsque tous les participants sont en place, demander à celui des hommes (ou des femmes) le plus éloigné de plus de 6 ou 7 mètres d'une femme (ou d'un homme), d'entamer un processus de séduction : "votre maillot de bain est ravissant", "où avez-vous bronzé comme ça ?" etc...

Phase 3.

L'homme ou la femme se rapproche et répète la phrase à 3 m, 1 m, 50 cm de son partenaire, jusqu'à ce que l'autre éprouve le besoin de se reculer.

Phase 4.

Lorsque le partenaire a gestuellement signifié qu'on était entré dans sa bulle de proximité, il lui donne une réponse positive accompagnée d'une gestuelle négative : "je vous trouve aussi très séduisant" d'une voix forte, accompagnée d'une moue de dégoût, d'un regard fuyant.

Puis une réponse négative accompagnée d'une gestuelle positive : "je préfère être tranquille" d'une voix douce, avec un grand sourire et un regard direct. L'exercice est répété deux par deux.

Exploitation.

L'animateur projette l'enregistrement vidéo qui est analysé à partir des explications suivantes :

- *la bulle :*
  chacun d'entre nous se déplace dans une bulle invisible qui correspond à un territoire d'intimité qu'il ne faut pas franchir. Cette bulle est de taille variable selon les cultures et les individus (la bulle italienne a un rayon plus petit que la bulle américaine).
- *les gestes :*
  ils peuvent être purement *physiologiques*, (se détendre),
  culturels (bras d'honneur),
  universels (se taper le front du doigt = fou), *cohérents :* "ça m'intéresse" (se frotter les mains),
  congruent : l'ensemble du comportement externe correspond à l'état interne et aux mots.

GENTIL, LIBRE ET RESPONSABLE.

GENTIL, LIBRE ET RESPONSABLE

THEME	**Ecarts.**
DUREE	**20 minutes.**
MATERIEL	**Photocopies du texte.**

Le but du jeu.

Cet exercice permet une rapide prise de conscience des écarts de sens que nous donnons aux mêmes mots. Il permet d'illustrer plusieurs niveaux d'écarts :

- Ecarts sémantiques.
- Ecarts de valeurs.
- Ecarts culturels.
- Ecarts de "Croyances" et de "cartes du monde"..

Préparation.

A l'aide de photocopies l'animateur propose les 3 mots aux participants, qui doivent rester silencieux (toute remarque orale ayant pour effet de préciser le sens avant l'exercice).

Les consignes données sont d'écrire 3 synonymes à chaque mot et d'écrire une petite phrase pour l'illustrer. Par exemple :

Egalité = Pareil, justice, sans vainqueur.

Illustration :

"Les deux équipes finalistes sont arrivées à égalité au dernier match".

Déroulement.

L'exercice se déroule en silence, sans question à l'animateur, sans entretien entre participants.

Exploitation.

L'exercice terminé, l'animateur ramasse les feuilles et demande à chacun d'exposer les synonymes différents et les phrases d'illustration.

Avec un groupe de 10 personnes chaque mot aura une douzaine de synonymes différents.

Un débat s'organise, sans intervention de l'animateur, qui se contente de relancer les participants, en reformulant de façon inductive, pour marquer les différences.

Lorsque les écarts, exacerbés par l'animateur, sont tels que le groupe éprouve un sentiment d'insatisfaction, il peut rassurer les participants en expliquant que ce phénomène est très naturel. Il propose ensuite d'identifier les sources d'écarts, et leurs origines.

Il propose différentes approches :

- Sémantique, écart entre Perception, Représentantion, Evocation.
- La notion de “carte du monde” et les différentes réalités que nous donnons aux mots et aux concepts. Le mot n'EST PAS la chose. (Le mot chien n'a jamais mordu personne etc...).
- Les notions de croyances (en P.N.L.).
- Les valeurs et les écarts culturels.

photocopier et distribuer le texte de la page suivante →

GENTIL, LIBRE ET RESPONSABLE

1 ***Ecrire 3 synonymes (adjectif, mot, verbe) des mots :***

Gentil : ....

Libre : ....

Responsable : ....

2 ***Expliquer d'une phrase le concept :***

- Un "gentil" c'est : ....

....

....

....

- Un "libre" c'est : ....

....

....

....

- Un "responsable" c'est : ....

....

....

....

MUTINERIE AU CLUB !

MUTINERIE AU CLUB !

THEME	**Le leadership.**
DUREE	**60 minutes.**
MATERIEL	**Photocopies des textes.**

Le but du jeu.

Dans un séminaire portant sur la prise de conscience des phénomènes de groupe, les six conditions d'apparition ou de disparition d'un leader et les propriétés d'un système (principes de totalité, de rétroaction et d'homéostasie).

Préparation.

Distribuer le texte (2 pages) à chaque participant en leur demandant de se répartir en sous-groupe de trois personnes, d'étudier d'abord ce texte individuellement, puis de préparer une réponse commune aux questions posées, qui sera restituée par l'un d'entre eux.

Déroulement.

Demander aux participants de travailler sur le texte.

Exploitation.

Les groupes exposent leurs idées, généralement proches, (mais confuses) de celles que l'animateur doit proposer :

1 Les 6 critères "biologiques" de l'émergence ou de la neutralisation d'un leader.

- Le leader synthétise les aspirations d'un groupe.
- Le leader sert de relais à l'information du groupe.

- Le leader protège le groupe des agressions externes.
- Le leader régularise les tensions internes.
- Le leader délègue et responsabilise.
- Le leader propose des objectifs spécifiques.

Les leaders désignés qui ne respectent pas 2 ou 3 de ces critères prennent le risque de se faire éliminer. Lorsqu'il rassemble ces critères un membre du groupe, quelque soit son âge, sa force, sa formation ou son niveau social, se retrouve propulsé en position de leader.

Proposer ensuite au groupe de prendre des exemples historiques de prise de pouvoir ou d'élimination d'un leader (Hitler, Bonaparte, Gorbatchev, Robespierre, Giscard d'Estaing, Ho-chi-Min, Coluche, Bouygues, Le Pen, Tapie etc...)

2 **Les caractéristiques des systèmes humains :**

- La frontière externe de la cellule (ceux qui en font partie et ceux qui n'en font pas partie).
- La frontière interne de la cellule (zone de leadership, le chef, le père, la mère) à l'intérieur du système.
- La dynamique interne du système, régulée par l'information, la concertation, la délégation.

3 **Les propriétés des systèmes humains :**

- Le principe de totalité (le système ne se réduit pas à la somme de ses éléments).
- Le principe de rétroaction (tendance conservatrice des valeurs, des dogmes, opposée à la tendance progressiste, centrifuge, facilitant le changement, mais peu protectrice).
- Le principe d'homéostasie (rétablissement de règles internes automatiques de rééquilibre d'un groupe).

photocopier et distribuer le texte des 3 pages suivantes →

MUTINERIE AU CLUB ! (1)

Le club d'Agadir va accueillir, après inauguration, ses premiers clients. Au départ d'Orly sud, un groupe de 70 vacanciers attend depuis 3 heures dans le hall des charters, sans trouver de responsable.

Le service "accueil" à l'aéroport, en grève surprise, ne peut fournir aucune information. Une jeune femme blonde, Sylvie, secrétaire dans une agence d'intérim, attend comme tout le monde. Au bout de 2 heures d'attente, elle fait le tour des petits groupes assis un peu partout sur leurs valises ou par terre, pour bavarder et passer le temps.

Puis à la demande générale, elle s'est renseignée auprès des différents chefs d'escale des compagnies qui desservent le Maroc pour obtenir le numéro de la porte d'embarquement, qu'elle communique à haute voix debout sur sa valise.

Dans l'avion, les passagers énervés par l'attente se disputent les places pour rester groupés par famille. Comme les deux hôtesses sont dans le poste de pilotage, Sylvie a été sollicitée pour servir d'intermédiaire et négocier les échanges de places.

A 20 heures, l'avion fait une escale imprévue de 2 heures à Madrid, sans qu'aucune information ne soit communiquée aux passagers. Aucun repas n'a été servi, et les passagers n'ont rien bu ni mangé depuis 17 heures.

A 23 heures 20, l'avion se pose à Agadir. Si les policiers sont présents, les douaniers, qui étaient couchés, réveillés d'urgence, ont réagi en fouillant tous les bagages des premiers passagers, fortement intimidés et craintifs. Sylvie s'interpose, négocie la fouille d'un passager sur cinq.

A l'extérieur de l'aéroport, aucun car n'est présent pour le transfert. Sylvie désigne 7 personnes qui devront appeler chacune 2 taxis et prendre en charge l'acheminement de deux groupes de 5 personnes. Avant le départ du premier taxi, Sylvie explique que l'hôtel est à 15 minutes et qu'avant minuit et demi, tout le monde sera arrivé.

MUTINERIE AU CLUB ! (2)

Au club à minuit et demi, tout le personnel dort, sauf le gardien de nuit (sympathique, mais débordé) à qui on a confié les clés des chambres. Les 7 personnes désignées par Sylvie à l'aéroport, en collaboration avec le gardien, procèdent à un "appel" et répartissent les clés en expliquant que dans 15 minutes, tout le monde aura sa chambre. Un rendez-vous général est proposé entre 9 heures 30 et 10 heures pour le petit déjeuner au bord de la piscine.

Le lendemain à 10 heures, un repas copieux est servi par un personnel souriant et sympathique, le soleil est là, la piscine est belle et propre, un car climatisé d'excursion attend sur le parking, les membres du groupe terminent leurs repas.

A 11 heures, le responsable du club prend un micro, présente les animateurs et propose un jeu. Sifflé, hué par tout le groupe, il doit se taire. En souriant l'un des membres du groupe prend la parole pour expliquer que pendant une semaine, ils disposeront seuls des installations du club, planches à voile, tennis, tir à l'arc, et décideront seuls des horaires, activités, excursions, et à titre d'exemple demande qu'un pique-nique soit organisé le lendemain dans le désert au sud de Taroudant.

Merci de répondre à ces 4 questions :

1 *Pourquoi Sylvie se retrouve en position de leader ?*
(sélectionnez dans le texte les critères d'émergence d'un leader)

....

....

....

....

....

....

....

....

....

....

2 *Qu'à vécu le groupe entre 17 h et le lendemain 11 h ?*
(trouvez quelques principes qui régissent un groupe)

....

....

....

....

....

....

....

3 *Pourquoi le directeur du club a-t-il été disqualifié ?*
(sélectionnez les critères d'élimination d'un leader)

....

....

....

....

....

....

....

4 *A la place du directeur, que faites-vous après la prise de pouvoir par le groupe ?*

....

....

....

....

....

....

....

CHAMPAGNE

CHAMPAGNE

THEME	**Perception et représentation.**
DUREE	**15 minutes.**
MATERIEL	**Paper-board, vidéo.**

Le but du jeu.

L'exercice "Champagne" est destiné à faire expérimenter par les participants, les différences qui existent entre :

- La perception.
- La représentation.
- L'évocation.
- La connotation d'un mot.

Préparation.

L'animateur écrit le matin, seul dans la salle, en gros sur toute la largeur d'une feuille de paper-board, le mot :

CHAMPAGNE

Sans ponctuation, ni point d'exclamation. Il recouvre ensuite la feuille de paper-board par les feuilles suivantes et poursuit son stage avant d'aborder sa présentation des 5 modes de perception (vue, ouïe, toucher, odorat, goût) des 3 modes de représentation (V.A.K/O), il effectue l'exercice préalablement à titre de démonstration.

Déroulement.

L'animateur cadre discrètement l'ensemble du groupe en vidéo, fait démarrer la caméra sans moniteur témoin. Il soulève les feuilles écrites pour lentement faire apparaître seul sur la page le mot “champagne”. Il se tait, s’assoit, et calibre les réactions de certains participants qui générale-ment, déglutissent, aspirent du nez, modifient leurs mouvements oculaires etc...

Il relève également les interventions verbales qui fusent assez rapidement en raison de son propre silence :

- *“C’est la fête”*
- *“Humm !”*
- *“Les bulles”*
- *“Bien frais”*
- *“POP (bruit de bouchon)”*
- *“Qu’est-ce qu’on arrose”* ?

Exploitation.

L’enregistrement vidéo est analysé et chacun peut noter les différences entre la perception visuelle du mot écrit sur la page blanche du paper-board, les modes de représentation différents selon les participants.

- certains ont **vu** les bulles, la bouteille, la buée...
- d’autres ont **senti** le goût, le picotement des bulles sur la langue ou la fraîcheur du verre de la bouteille,
- d’autres ont **entendu** le bruit du bouchon qui saute,
- d’autres encore ont **traduit** en connotation : c’est la fête !?, qu’est-ce qu’on arrose ?, c’est l’animateur qui nous invite ! etc...

Cet exercice est un excellent moyen de prise de conscience à la fois du mécanisme Perception/Représentation/Evocation et des écarts qui se produisent à partir d’une même perception d’une réalité visuelle simple : le mot “Champagne”.

L’exposé de l’animateur sur les modes de représentation sera largement facilité par ce défrichage de nos mécanismes mentaux.

LA SALLE D'ATTENTE

LA SALLE D'ATTENTE

THEME	**Les méta-modèles.**
DUREE	**45 minutes.**
MATERIEL	**Chaises, vidéo, photocopie du texte.**

Le but du jeu.

Chacun d'entre nous communique avec sa personnalité. Cet exercice est destiné à rassembler les méta-modèles du langage dans un lieu et un espace de temps unique, avec en arrière plan un sujet important.

Préparation.

Disposer les chaises le long des parois de la pièce. Les participants sont dans la salle d'attente d'un hôpital spécialisé dans le traitement du tabagisme. Certains des participants peuvent d'ailleurs fumer, d'autres souhaitent s'abstenir.

Chacun choisit un style de comportement et de communication :

- S'exprimer en généralisations : "tous les médecins sont...".
- S'exprimer en omission : "ça me fait peur".
- S'exprimer en opérateurs modaux, "il faut, je dois".
- S'exprimer en origine perdue : "ce n'est pas bien de..".
- S'exprimer en quantificateurs universels : "tout le monde, personne".
- S'exprimer en abstraction : "la liberté, le problème".
- S'exprimer en lecture de pensée : "je sais que vous pensez que".
- S'exprimer en cause-effet : "le stress me fait fumer".
- S'exprimer en équivalence complexe : "dehors, je fume".
- S'exprimer en présupposés : "si mon mari m'aidait, je fumerais moins".

Déroulement.

Chaque membre du groupe s'exprime dans le style choisi, un participant (ou l'animateur) est chargé de la "mise en question" après chaque intervention ;
Qui ? quoi ?
De quelle manière ? toujours ?
Que se passerait-il si ?
Qu'est-ce qui vous empêche de ?
Par rapport à quoi ?
Avec qui ?
Comment spécifiquement ?
Qu'est-ce qui vous faire dire cela ?
Etc...

Exploitation.

L'animateur peut à la fin de l'exercice faire un exposé sur les méta-modèles qui sont une façon de prendre contact avec la réalité et de construire notre modèle du monde. Le langage donne des indications sur le fonctionnement d'une personne, il indique les règles précises qui conduisent sa pensée et sa vie.
Il est intéressant de préciser que celui qui utilise fréquemment certains méta-modèles aura du mal à identifier ceux des autres.

photocopier et distribuer le texte de la page suivante →

STYLES DE COMPORTEMENT ET DE COMMUNICATION

- ***Généralisations :*** *"tous les médecins sont...".*

....

- ***Omission :*** *"ça me fait peur".*

....

- ***Opérateurs modaux,*** *"il faut, je dois".*

....

- ***Origine perdue :*** *"ce n'est pas bien de..".*

....

- ***Quantificateurs universels :*** *"tout le monde, personne".*

....

- ***Abstraction :*** *"la liberté, le problème".*

....

- ***Lecture de pensée :*** *"je sais que vous pensez que".*

....

- ***Cause-effet :*** *"le stress me fait fumer".*

....

- ***Equivalence complexe :*** *"dehors, je fume".*

....

- ***Présupposés :*** *"si mon mari m'aidait, je fumerais moins".*

....

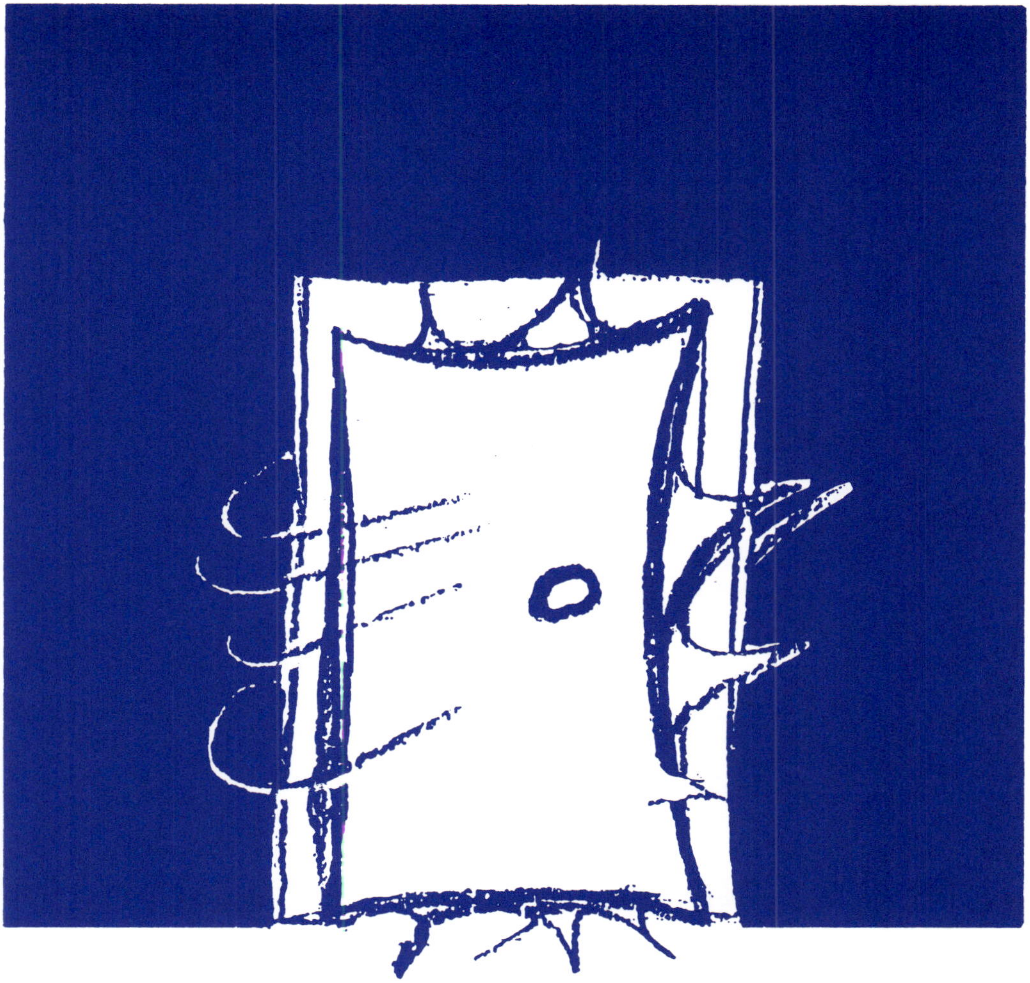

JE RETOURNE CHEZ MA MERE

A.T.

JE RETOURNE CHEZ MA MERE

THEME	**Les “jeux”.**
DUREE	**45 minutes.**
MATERIEL	**Photocopies du texte, éventuellement vidéo.**

Le but du jeu.

Cet exercice permet de prendre conscience de la “mécanique”, de ces jeux qui constituent la majeure partie de nos échanges, et où nous nous installons facilement, car ces jeux (la plupart du temps négatifs) sont la meilleure façon de ne pas résoudre un problème entre deux personnes.

Préparation.

L’animateur propose le texte “je retourne chez ma mère” aux participants.

Déroulement.

Les participants tentent de décoder la scène en séquences, puis par groupes de 3, ils proposent d’autres scénarios professionnels ou personnels, de ce type, dont la structure est en 6 séquences :

1. **Amorce** (colère ou peur de l’épouse) démarrage du jeu.
2. **Point faible** (le mari doit sauver la face)
3. **Réponse** (“je travaille moi !”)
4. **Coup de théâtre** (la persécutrice devient victime, la victime devient persécuteur).
5. **Confusion** (qui est victime ?)
6. **Bénéfices négatifs** (le mari amer devant la télé, la femme aigrie chez sa mère).

Lorsque les participants ont mis au point un scénario sur ce type à deux ou trois personnages ils le jouent devant la caméra.

Exploitation.

L'animateur propose aux participants d'analyser les enregistrements, et il indique quelques jeux classiques :

- *Au viol ! :* Lui a envie, elle pas du tout mais elle le provoque pour pouvoir mieux le repousser.
- *C'est affreux ! :* je suis trop malheureux, tout le monde est contre moi.
- *Je suis coinçé ! :* J'achète trop, je suis à découvert, les méchants créanciers me poursuivent.
- *Vas-y frappe ! :* je me débrouille pour excéder l'autre qui finira bien par me frapper s'il m'attrape.
- *Regarde ce que tu me fais faire ! :* si je fais une fausse manœuvre en voiture c'est parce que tu m'énerves.
- *Sans toi ! :* si je ne t'avais pas rencontrée je serais milliardaire au soleil.

photocopier et distribuer le texte de la page suivante →

JE RETOURNE CHEZ MA MERE

Patricia et Philippe sont mariés depuis 7 ans, ils ont deux enfants et un bel appartement. Ils sont encore très complices et amoureux bien que de nombreuses habitudes se soient installées dans leur vie quotidienne.

Ce vendredi soir Philippe a raccompagné sa secrétaire qui lui a offert un verre chez elle en toute amitié. Il rentre à 9 heures chez lui, fatigué par une dure journée.

Patricia l'accueille en lui disant "c'est à cette heure que tu rentres, le saumon est froid, j'ai dîné avec les enfants".

Philippe : "C'est comme ça que tu reçoit ton mari qui fait des heures supplémentaires pendant que madame dépense l'argent à faire des courses".

Il s'installe dans son fauteuil avec une bière, pour regarder le foot à la télé en montant le son.

Patricia met son manteau, et déclare avant de claquer la porte : "Je vais dormir chez maman, occupe-toi des enfants".

C'EST MA PLACE !

C'EST MA PLACE !

THEME	**Les rapports de force.**
DUREE	**10 minutes.**
MATERIEL	**Photocopies du texte, éventuellement vidéo.**

Le but du jeu.

Cet exercice permet aux participants d'un stage de prendre immédiatement conscience que la place qu'ils choisissent est signifiante, d'analyser une première négociation (entre ceux qui choisissent la même place). L'animateur peut aussi utiliser les choix de places pour annoncer quelques éléments d'Analyse Transactionnelle, qu'il traitera par la suite.

Préparation.

Avant l'arrivée des stagiaires, l'animateur dessine la forme (en **U**) de la table qui est dans la salle, ainsi que le nombre exact de chaises, il indique sa place et celle du tableau de papier (partie ouverte en **U**). Il fait photocopier un exemplaire du plan par participant. Il accueille les stagiaires à la réception ou au bar, **en dehors de la salle** (qui doit être fermée à clé pour éviter que certains y déposent leurs documents).

Déroulement.

Phase 1.

L'animateur souhaite la bienvenue à chacun, autour d'un café au bar par exemple, en leur demandant de cocher la place qu'ils choisissent, en inscrivant leur prénom face à la chaise de leur choix. Aux participants qui observent, assez judicieusement, que la même place risque d'être choisie par plusieurs personnes, l'animateur répond laconiquement "c'est pas grave". Il leur demande simplement de ne pas se concerter pour l'instant.

Phase 2.

Le dernier participant arrivé, le groupe se rend dans la salle, en donnant sa feuille à l'animateur. Ceux qui ont choisi la même place (1/3 environ selon notre expérience) doivent rester debout et négocier des échanges de places entre eux, les places vides ou même les places où d'autres sont assis. L'exercice est enregistré en vidéo pendant 5 à 10 minutes (car les participants sont pressés de commencer).

Exploitation.

Lorsque tout le monde est assis, l'animateur fait une reprojection de l'entrée dans la salle et de l'installation. Il peut introduire quelques notions d'Analyse Transactionnelle qui seront traitées par la suite :

- Les Normatifs ou rebelles se placent souvent en face de l'animateur (Opposants).
- Les Enfants Soumis ou manipulateurs à côté de l'animateur.
- Les Adultes logiques ou adaptés au milieu des côtés.

Il peut également utiliser les "négociations de places" pour les styles de management, les typologies d'autorité, ou le style relationnel de certains participants.

LA REINE DE PIQUE

LA REINE DE PIQUE

THEME	**Autorité formelle, autorité naturelle.**
DUREE	**15 minutes.**
MATERIEL	**Cartes du Roi et Reine de pique, deux valets, les quatre "2", enregistrement vidéo**

Le but du jeu.

Cet exercice permet de mettre en évidence les principes de l'autorité et de la structuration d'un groupe.

Préparation.

La caméra vidéo, dans un angle de la salle filme discrètement le groupe. L'animateur ne donne **aucune explication** sur ce qui va se passer. A un moment précis il distribue les cartes, en silence, de la façon à ce que chacun remarque bien les gestes qui accompagnent la distribution :

1. Il montre, sans un mot, la reine de pique qu'il remet à une participante, lentement, en inclinant légèrement la tête avec déférence.

2. Il montre le roi de pique, qu'il remet, à un participant, en s'inclinant plus profondément avec respect.

3. Il donne rapidement les deux valets à deux participants.

4. Il distribue, en jetant les cartes sur leurs tables, "avec mépris", les quatre "2" sans regarder leurs destinaires.

5. Il inscrit au tableau, toujours en silence : "Durée : 15 minutes".

6. Il quitte la salle avec un journal, sans explications.

Déroulement.

Le groupe commence par plaisanter. “On va faire une belote”, puis au bout de quelques minutes, une certaine agressivité peut apparaître vis-à-vis de l’animateur : “on perd du temps”, “il est malade ?”, “à quoi on joue ?”, “il s’en va lire son journal tranquille au bar”, “il se fout de nous”...

Parfois un participant est délégué pour sortir de la salle et venir demander des explications à l’animateur, qui, très absorbé dans son journal lui répond : “vous avez juste 15 minutes”, “c’est à vous de décider” etc... toujours sans explications.

Un débat s’organise assez rapidement dans différentes directions :

- Soit sur le contexte présent : *“on fait quoi, maintenant ?”*
- Soit sur le séminaire : *“que fait-on ici ?”*
- Soit sur l’entreprise ou tout autre sujet plus large.

La plupart du temps :

- Soit le “peuple” (les participants qui ont reçu “les 2” et “les valets”) demandent au Roi et à sa Reine de faire quelque chose.
- Soit le Roi ou la Reine prennent les choses en main, se lèvent, etc... Un leader non désigné (un “2”) peut apparaître, mais il sera contesté en raison de son statut (il n’est que “2”) et devra, pour s’imposer remplir les conditions d’émergence des leaders.

Exploitation.

L’animateur rejoint la salle, fait une projection de la scène une première fois, puis donne des explications sur cet exercice qui porte sur la force de l’autorité désignée, l’autostructuration d’un groupe, les phénomènes de prise de pouvoir, le besoin d’objectif. Une seconde projection permet d’analyser les séquences de ces phénomènes.

L'ACCIDENT

PNL

L'ACCIDENT

THEME	**Les croyances.**
DUREE	**30 minutes.**
MATERIEL	**Photocopies du texte, éventuellement vidéo.**

Le but du jeu.

L'accident est un exercice assez simple qui permet de mesurer les écarts de croyances entre les individus, d'observer les omissions, généralisations, distorsions, inférences, opinions et sentiments pendant un débat.

Préparation.

L'animateur lit lentement le texte "l'accident" avant de le distribuer.

Déroulement.

L'animateur demande à chaque participant de répondre à la question

"Qui est le plus responsable de ce qui s'est passé ?
"Qui est le moins responsable de ce qui s'est passé ? :

Paul, sa femme, le chef d'entreprise, la secrétaire, l'enfant, sa mère, le boulanger ?

Chaque participant doit répondre par un seul nom à chaque question.

Les participants s'expriment, puis se regroupent par avis semblable pour "accuser" le personnage qui est le plus responsable contre ceux qui le défendent et inversement.

- "le patron est responsable car il persécute Paul"
- "sa femme est responsable car elle est frivole"

- “Paul est responsable car il est alcoolique”
- “la mère de l’enfant est responsable car elle n’est pas attentive”

Exploitation.

L’animateur note toutes les interventions qui révèlent un pervertissement du texte :

- Les généralisations : “les chauffeurs de taxi sont des enfoirés”, “les patrons sont des profiteurs”, “les femmes sont égoïstes” (toutes les femmes ?).
- La communication non spécifique : “le patron persécute Paul” (comment précisément ?)
- Les inventions par rapport au texte : “elle est frivole”...
- Les jugements : “il faut surveiller les enfants”, “il ne faut pas se saouler”, “il faut aider son conjoint”.
- Les sentiments : “le pauvre type, je me mets à sa place”, “quel affreux concours de circonstances”.

Des explications peuvent être données sur les écarts de valeurs, de croyance, de culture, de langage qui en nous différençiant, créent l’intérêt de nos relations.

photocopier et distribuer le texte de la page suivante →

L'ACCIDENT

Paul est invité à une réception donnée par son entreprise, il est accompagné de sa femme. La soirée est gaie, il y a 50 personnes et le champagne coule à flots.

Paul fatigué par une semaine de travail boit un peu trop à jeun et se sent ivre.

Vers 19 heures le chef d'entreprise, qui a remarqué l'état de Paul lui dit : "mon petit Paul, allez donc chercher du champagne en ville, bien sûr vous mettez ça sur mon compte, les réserves s'épuisent et ça vous fera prendre l'air".

Paul n'ose refuser, la boutique de spiritueux est à 3 km. Il demande à sa femme de conduire, elle refuse car elle s'amuse "pour une fois".

Il demande à sa secrétaire de conduire mais elle lui répond "qu'elle n'est pas payée pour ça". Il prend donc lui-même le volant de sa voiture.

Dans une rue piétonne, où la circulation est tolérée au pas, un enfant traverse brutalement devant la voiture pendant que sa mère discute avec une amie chez le boulanger. Paul heurte l'enfant qui est conduit à l'hôpital.

LE REALISATEUR

LE REALISATEUR

THEME	**Les préférences cérébrales.**
DUREE	**45 minutes.**
MATERIEL	**Photocopies du texte, enregistrement vidéo.**

Le but du jeu.

Cet exercice projectif permet d'isoler les tendances cérébrales :

- **Cortical droit :** Approche globale, synthétique, analogique, conceptuelle artistique, dispersée.
- **Cortical gauche :** Analyse logique, séquentielle, rationnelle, spirituelle, mathématique, polarisée.
- **Limbique droit :** Conception humanistique, relationnelle, spirituelle, sensible, forte émotivité.
- **Limbique gauche :**Réalisation contrôlée, organisée, planifiée, administrée, traditionnelle.

Préparation.

L'animateur propose le texte "le réalisateur" à chaque participant.

Déroulement.

Chaque participant présente son projet en 5 minutes. L'exercice est enregistré.

Exploitation.

L'animateur présente les 4 préférences cérébrales, précisant que chacun d'entre nous utilise la plupart du temps les 4 mais avec plus ou moins d'aisance et de plaisir.

Phase 1 :

Lorsque les participants ont reconnu leurs dominantes personnelles, à travers leur expérience et leurs souvenirs, l'animateur demande au groupe d'analyser les présentations de projet d'émission et de relever dans le discours des candidats réalisateurs leurs dominantes :

- *Les corticaux droits :* favorisent les aspects originaux, innovants, paradoxaux, créatifs, artistiques, négligeant les détails.
- *Les corticaux gauches :* font une présentation séquentielle de leur émission, "d'abord on verra ça, puis ça.. etc", analysent les détails : "il faudra prévoir ceci et cela sur le plateau..."
- *Les limbiques droits :* favorisent l'aspect émotionnel et humain "le télespectateur sentira que...", "l'émotion sera donnée par...", "un tel répondra à un tel".
- *Les limbiques gauches :* favorisent l'organisation, parlent de planning de seuil d'audience, de maîtrise de l'émission etc...

Phase 2 :

L'animateur peut ensuite demander à chacun de présenter une seconde fois son projet sur le mode cérébral qui lui est le moins familier :
- parler des détails pour les créatifs,
- de l'émotion pour les analytiques,
- de l'organisation pour les relationnels etc.

Les participants prennent conscience de leurs difficultés à s'exprimer dans un autre registre, de l'inefficacité de parler de chiffres à un artiste ou d'émotion à un planificateur.

photocopier et distribuer le texte de la page suivante →

LE REALISATEUR

"Vous avez gagné dans un concours la possibilité d'être le réalisateur d'une émission T.V. d'une heure, dimanche soir à 20 h 30 après le journal télévisé, c'est-à-dire à une heure de très grande écoute.

Vous devez présenter un projet complet sur le thème, les moyens, le contenu, en essayant de "vendre" votre projet d'émission à la chaîne".

PROJET D'EMISSION

....

....

....

....

....

....

....

....

....

....

LES ALGUES

LES ALGUES

THEME	**Les inférences.**
DUREE	**30 minutes.**
MATERIEL	**Photocopies des textes.**

Le but du jeu.

Lorsque nous recevons une communication il nous arrive souvent d'extrapoler généreusement à partir des informations de base, de mélanger, de transformer ce qui est dit pour reconstruire notre représentation des choses, qui devient notre réalité.

Préparation.

Lire le texte "les algues" aux participants qui ne doivent pas prendre de note.

Déroulement.

Phase 1.

Les participants doivent, individuellement répondre *"vrai" "faux" "on ne sait pas"* aux questions.

Phase 2

L'animateur et le groupe reprennent le texte, en discutent pour permettre à chacun de mesurer ses écarts.

Exploitation.

Le constat des écarts permet une observation assez pertinente sur les inférences de chacun, et surtout sur le fait qu'il n'en avait pas conscience.

photocopier et distribuer le texte des pages suivantes →

LES ALGUES

Un universitaire du midi avait loué à Monte-Carlo un bateau afin d'explorer la prolifération des algues toxiques.

Accompagné d'une équipe de plusieurs bénévoles, l'expédition, subventionnée par l'Institut Océanographique de Monaco s'embarqua plusieurs semaines pour naviguer entre l'Italie, la Corse et la Sardaigne.

L'universitaire décida de relever dans des chaluts divers poissons des grands fonds pour examiner le contenu de leur estomac, mais quelques dauphins qui furent ainsi capturés, périrent sur le pont du bateau.

Leurs estomacs ne contenait pas de trace d'algue toxique. Des jets de sang avaient envahi le pont et beaucoup de marins furent choqués et demandèrent à débarquer avec une chaloupe.

Malgré cela l'universitaire continua l'examen des grands poissons, avec des volontaires.

Après un sérieux coup de vent, qui endommagea la coque, une escale à Livourne fut décidée sans avoir pu rédiger le rapport complet qui lui était demandé par l'Institut Océanographique.

LES ALGUES

Cocher la case correspondant à votre réponse : Vrai, Faux, On Ne Sait Pas.

- L'universitaire était membre de l'Institut Océanographique de Monaco ?

VRAI FAUX ONSP

- L'institut lui avait demandé une étude sur les algues ?

VRAI FAUX ONSP

- L'équipage était constitué d'amateurs non diplômés ?

VRAI FAUX ONSP

- La mission était de draguer le fond des océans ?

VRAI FAUX ONSP

- L'universitaire a éventré des dauphins vivants ?

VRAI FAUX ONSP

- Les dauphins sont morts d'intoxication ?

VRAI FAUX ONSP

- Le bateau a heurté un rocher ?

VRAI FAUX ONSP

- L'universitaire décida d'abandonner la mission ?

VRAI FAUX ONSP

- L'institut Océanographique n'a jamais reçu de rapport ?

VRAI FAUX ONSP

A.T.

LE PUNCH EST SERVI

THEME	**La structuration du temps.**
DUREE	**30 minutes.**
MATERIEL	**Photocopies du texte.**

Le but du jeu.

Lorsque nous communiquons avec les autres, nous nous trouvons dans plusieurs situations selon le contexte.

Ces choix constituent notre façon de structurer notre temps, et déterminent la qualité de la communication et notre consommation de temps.

Préparation.

Lire lentement puis distribuer le texte "le punch est servi" aux participants.

Déroulement.

Les participants par groupe de 3 doivent donner un nom aux 6 différentes situations exposées dans ce texte et trouver des exemples de leur vie personnelle ou professionnelle qui leur ressemblent.

Exploitation.

L'animateur invite les participants à réfléchir aux "situations de communication" qu'ils rencontrent, et aux moyens de progresser du retrait à l'activité.

photocopier, lire puis distribuer le texte des 2 pages suivantes →

LE PUNCH EST SERVI (1)

Tout le personnel de l'entreprise est convoqué ce vendredi soir au restaurant d'entreprise pour la remise d'une médaille à la standardiste qui totalise 30 ans de loyaux services.

Le personnel est debout, on attend le P.D.G. en retard comme d'habitude. L'ambiance est morose car il est déjà 18 heures, personne ne parle, chacun se regarde en pensant que ce n'est pas une heure surtout un vendredi soir pour convoquer les gens.

Le P.D.G. fait une entrée difficile dans un silence glacial. Chacun pense "Ha ! ce que j'aimerais être ailleurs". Un sentiment d'hostilité plane sur la salle. La situation est ressentie comme désagréable, obligatoire et inutile.

Le degré d'implication et la qualité de la communication sont pratiquement nuls.

Dès les premiers mots du Président, chacun se retrouve dans un décor connu : les mêmes mots depuis toujours, le directeur financier ponctue le discours d'approbations habituelles, les vendeurs chahutent discrètement, le coursier va dire quelque chose de drôle, chacun a l'impression que tout ceci a déjà été vu, déjà entendu, que rien ne doit changer.

Si quelque chose de différent se passait, la force du rite reprendrait le dessus. Tout ceci procure une certaine sécurité, mais la communication est pesante, et tellement habituelle que personne ne s'intéresse vraiment à ce qui se passe, mais plutôt à retrouver les points de repère attendus :

La communication et le degré d'implication sont très faibles.

Le discours terminé on sert le Punch et les biscuits, on bavarde, on oublie le temps, on échange des banalités "Et vos enfants ?" "Et les vôtres ?" La semaine est terminée, on évoque le week-end, le temps prévu. Le Président raconte son dernier contrôle radar sur l'autoroute. Rien ne se passe réellement mais tout est plus détendu.

La communication est devenue plus agréable, plus facile, plus coulante, mais l'application reste très médiocre.

LE PUNCH EST SERVI (2)

Des petits groupes de 2 ou 3 personnes se sont formés, on se livre aux plaisanteries cruelles, aux plaintes, taquineries, flatteries et méchancetés croisées.

Le comptable rouspète après l'informatique assez fort pour être entendu de son chef. Celui-ci lui répond que "l'informatique marche toujours avec ceux qui savent s'en servir". Le comptable se réfugie auprès de la jeune informaticienne qui vient d'être recrutée.

Un représentant critique les nouveaux bons de commande, le chef des ventes lui répond "ce n'est pas grave, vous n'avez rien vendu cette semaine".

Tous ces petits scénarios donnent l'impression de films de série B déjà vus, familiers, médiocres, et dont on connaît la fin dès le début.

La communication est riche, souvent perverse, l'implication est bonne.

On presse la standardiste de prendre la parole "Un discours, un discours". Elle raconte quelques histoires drôles qui se sont passées depuis 30 ans au standard : tout le monde rit.

De gags en anecdotes on s'aperçoit qu'une amélioration des communications téléphoniques est possible à partir de quelques principes simples. Chacun donne des idées, bonnes ou mauvaises, le chef des ventes prend des notes. Sans que le Président n'intervienne, deux décisions sont prises que tous s'engagent à respecter.

La communication a connu un coup d'accélérateur, l'implication est très forte.

On termine le punch, chacun met la main à la pâte, le Président porte même un verre à la cuisine où il retrouve le directeur financier en train de vider les cendriers. Un bref échange a lieu en deux phrases sur l'attitude commune au reporting de lundi.

Ceux qui ont des voitures raccompagnent ceux qui ont raté le bus, la répartition est rapide, spontanée.

La communication et l'implication sont au maximum.

LES M.S.T.

LES M.S.T.

THEME	**Le changement.**
DUREE	**45 minutes.**
MATERIEL	**Photocopies du texte, éventuellement enregistrement vidéo.**

Le but du jeu.

La réflexion sur le texte "Les M.S.T." a pour objectif de faire réfléchir un groupe sur la façon d'obtenir des autres un changement de comportement et la différence qui existe entre communiquer une information, tenter de *persuader, de démontrer*, et provoquer une réelle adhésion à une idée ou une recommandation.

Cet exercice sera très utile dans le cas où les participants :

- Ont des difficultés à "faire admettre".
- Ont des difficultés à accepter l'idée de changement.
- Ont tendance à affirmer leurs idées sans empathie.

Préparation.

L'animateur, lorsqu'il ressent le besoin d'illustrer par un exemple les notions d'altérité et d'empathie dans une démarche destinée à "faire changer de comportement", soit un individu, soit un groupe d'individus, distribue le texte en expliquant qu'**il y a eu effectivement** après utilisation des deux méthodes, un écart très significatif sur leur efficacité respective. Il lit, puis distribue le texte.

Déroulement.

L'animateur demande aux participants :

- ***"Laquelle des deux méthodes a été la plus efficace et dans quelle proportion ?"***

La majorité des participants considère habituellement que la méthode 2, rassurante par son organisation et sa rigueur a été la plus efficace, un ou deux participants se trouvent isolés et doivent défendre la première méthode.

L'animateur laisse la polémique prendre forme entre les partisans de la méthode 1 et les partisans de la méthode 2.

Puis, lorsque les participants se sont bien égarés dans leurs conceptions personnelles de l'efficacité, l'animateur recentre le débat sur l'objectif :

- ***"Est-il question de communiquer des informations précises ou d'obtenir un changement de comportement ?"***

Dès lors l'avis des partisans de la méthode 2 se modifie sensiblement.

L'animateur cite alors les résultats :

- Méthode 1 :

  12 % de ceux à qui on a appliqué la méthode 1 ont déclaré utiliser régulièrement des préservatifs suite à la réunion.

- Méthode 2 :

  4 % de ceux à qui on a appliqué la méthode 2 ont déclaré utiliser régulièrement des préservatifs suite à la réunion.

Exploitation.

L'animateur propose aux participants de se constituer en petits groupes pour retrouver des cas de la vie professionnelle ou personnelle où l'objectif était d'obtenir un changement de comportement d'un individu ou d'un groupe et où l'une des deux méthodes a été un succès ou un échec.

L'animateur peut aussi prendre son propre exemple, lorsque l'objectif du séminaire n'est pas "d'apprendre quelque chose" mais d'obtenir un changement de comportement.

photocopier, lire puis distribuer le texte des 2 pages suivantes →

LES M.S.T. (1)

En 1989, le ministère de la santé s'est inquiété de la recrudescence des maladies sexuellement transmissibles chez les adolescents. Les jeunes contractaient ces maladies entre 16 et 25 ans en rencontrant un nouveau partenaire sans utiliser de préservatif.

Une enquête d'opinion sur un échantillon de 290 jeunes permet de constater que, si la majorité connaît l'efficacité des préservatifs, des connotations de "ridicule", "démodé", "pharmacie", "désagréable" accompagnent les réponses et 72 % déclarent ne pas en utiliser pour ces raisons.

Parallèlement à une campagne de publicité centrée sur le risque du SIDA, le Ministère de la santé décida une opération sur le terrain confiée à deux équipes de médecins.

Deux méthodes furent utilisées :

Méthode 1.

Deux médecins, un homme et une femme, ont organisé une tournée des lieux fréquentés par les étudiants de leur région, où ils attendaient, parfois inutilement qu'un petit groupe se constitue autour d'eux.

Chaque étudiant se présentait et exposait brièvement ses réticences à utiliser des préservatifs et la discussion démarrait rapidement, mais consistait surtout en un flot d'objections : "C'est démodé", "Ça fait vieux", "On ne sent rien", "C'est pas sûr", "C'est ridicule".

Les médecins n'opposaient aucun argument, n'intervenaient que si on leur posait des questions précises pour continuer à discuter à bâtons rompus. On se séparait sur quelques avis prudents "On va essayer un de ces jours". Avant de partir, ceux qui le désiraient pouvaient prendre une petite brochure d'information.
En réalité seulement 50 % des étudiants l'emportait avec eux.

LES M.S.T. (2)

Méthode 2.

Deux gynécologues, ont demandé aux proviseurs des lycées et doyens des facultés de leur région d'organiser des réunions dans leur plus grande salle pendant une heure. A l'aide de diapositives, un des médecins expliquait les progrès techniques des préservatifs qui garantissent à 99,50 % contre les M.S.T.

L'autre médecin était chargé de répondre aux questions le plus précisément possible. Lorsque les questions furent posées, le second médecin passait dans les rangs pour distribuer une petite brochure à tous les participants.

LES MARTIENS

LES MARTIENS

THEME	**Créativité.**
DUREE	**30 minutes.**
MATERIEL	**Aucun.**

Le but du jeu.

Cet exercice est destiné à développer la créativité des participants, à leur permettre de rechercher des évocations, des analogies en sortant des considérations habituelles.

Préparation.

Indiquer aux participants qu'ils sont des petits hommes verts, venus d'une autre planète débarqués un jour de grand départ en vacances sur une station service d'autoroute.

Déroulement.

Chaque "martien" doit décrire ce qu'il voit, sans bien entendu, prendre aucune référence dans nos points de repère "terrestres", puisqu'ils ignorent tout de notre mode de vie : vacances, voitures, carburant, etc...

La description se fait par écrit, chacun expose ensuite son observation en tant que martien. Les remarques peuvent aussi bien porter sur les objets, les opérations (plein, service, règlement) que sur les comportements (pompiste, automobiliste, sa famille etc...).

Exploitation.

L'animateur peut effectuer un classement en plaçant en tête celui des martiens qui a fait un compte-rendu le plus original et le plus détaché des références terrestres.

L'animateur peut aussi faire effectuer le classement par le groupe des participants (ce qui peut d'ailleurs permettre de lancer un autre exercice sur le leadership).

COMME UN LUNDI !

COMME UN LUNDI MATIN !

THEME	**Gestion des priorités.**
DUREE	**30 minutes.**
MATERIEL	**Coupure de presse, photocopies des textes, téléphone, enregistrement vidéo.**

Le but du jeu.

Cet exercice reconstitue un contexte professionnel. Il est destiné à mettre les participants en situation de gestion de leur allocation de temps.

Préparation.

Disposer d'une petite table, de deux chaises, d'un téléphone, d'une corbeille à papier, d'une coupure de presse économique, et des 5 notes de service (photocopiez et découpez les pages suivantes).

Demander l'aide d'un participant pour jouer le rôle d'un cadre de l'entreprise qui arrive dans son bureau le lundi matin à 9 h 00.

Demander la participation de 5 intervenants à qui l'animateur distribue les consignes correspondantes (ami personnel, femme du joueur, chef de service, secrétaire, directeur général).

Déroulement.

- Les 5 intervenants sortent pour téléphoner au joueur.
- Le joueur s'installe à 9 h 00 à sa table et découvre son courrier.
- Les observateurs prennent des notes.
- Le jeu est filmé en vidéo.

Exploitation.

L'animateur peut, après exercice, mesurer quantitativement le nombre de tâches accomplies dans le délai alloué, évaluer la capacité du joueur à hiérarchiser ses priorités, déléguer, savoir dire "non", gérer les chronophages.

LES NOTES DE SERVICE

Le participant qui joue le rôle d'un cadre d'entreprise trouve ces 5 notes de service et la coupure de presse sur son bureau le lundi matin à 9 h.

NOTE DE SERVICE N° 1

Le Service comptable
à Madame / Monsieur..

Nous n'avons pas sur vos ordres de facturation l'adresse du siège de la Société COMACO.
Merci de votre réponse avant midi.

NOTE DE SERVICE N° 2

Le Service du personnel
à Madame / Monsieur..

Votre dossier de mutuelle est incomplet il nous manque les dates de naissance de vos enfants.
Merci de nous répondre dans la semaine.

✂

NOTE DE SERVICE N° 3

Le Service comptable
à Madame / Monsieur..

C'est à votre service de nous transmettre des ordres de factures où figurent les montant H.T., T.T.C., et la T.V.A. (18,6 %). Merci de nous retourner l'ordre ci-joint correctement libellé :

- Modèle XT :	*prix unitaire*	*250,00 F*
	3 exemplaires	*750,00 F*
	Prix T.T.C.	*889,50 F*

NOTE DE SERVICE Nº 4

Le Direction générale
à Madame / Monsieur..

Ci-joint un article intéressant, pouvez-vous en faire la synthèse que vous diffuserez à tous avant 9 h 30 (maximum une page).

NOTE DE SERVICE Nº 5

La Direction générale
à Madame / Monsieur..

Comme vous m'avez indiqué que vous étiez libre les deux prochains jours, pouvez-vous être à Pau demain de 16 h à 18 h, et à Mulhouse après-demain de 10 h à midi, selon le mode de transport de votre choix. Merci de votre réponse avant 10 h.

CONSIGNES DES 5 INTERVENANTS

Elles sont distribuées à 8 h 45.

Chaque intervenant doit bien préciser son rôle au joueur dès le début de son appel ou de son entrée dans la salle. Ainsi pour la secrétaire et le chef de service, utilisez les badges ci-dessus.

M ....

SECRETAIRE

M ....

CHEF DE SERVICE

Un ami personnel :

Sortez de la salle pour téléphoner au joueur à 9 h 02 et lui proposer une partie de tennis à midi.

La femme du joueur :

Sortez de la salle pour téléphoner au joueur immédiatement, après l'ami, et demander au joueur les dates des prochaines vacances scolaires en zone I.

Le chef de service du joueur :

Présentez-vous, debout face au joueur à 9 h 05 pour lui demander d'être présent à 9 h 30 à une réunion de service.

La secrétaire du joueur :

Venez vous asseoir face au joueur à 9 h 07 pour lui raconter le week-end d'enfer que vous avez vécu avec votre enfant qui a la varicelle, et lui demander d'aller chez le médecin de 10 h à midi.

Le directeur général :

Sortez de la salle pour téléphoner à 9 h 10 au joueur et lui demander s'il peut aller à Pau et à Strasbourg (et non plus Mulhouse comme indiqué sur la note de service n° 5).

PROBABLEMENT,
OUI.

PROBABLEMENT, OUI.

THEME	**Les équivoques.**
DUREE	**20 minutes.**
MATERIEL	**Photocopies du texte.**

Le but du jeu.

Les difficultés de communication orales ou écrites ont souvent pour origine des phrases mal équilibrées qui prêtent à équivoque. L'exercice consiste à donner aux participants l'habitude de s'exprimer et d'écrire de façon claire.

Préparation.

L'animateur du jeu relève par écrit les expressions de certaines personnes, lors de leurs interventions orales ou écrites, qui contiennent des équivoques, comme par exemple :

1er exemple.

Le cadre à sa secrétaire : *"avez-vous la confirmation de mon vol mardi pour New-York ?"*
La secrétaire *"Probablement oui".*

- Est-ce que le vol existe et est confirmé ?
- Est-ce que le n° de réservation a été donné par l'agence de voyages ?
- est-ce que le billet est établi ?
- Est-ce que le cadre est sur une liste d'attente ?
- Est-ce que la demande n'a pas été faite ?
- Est-ce que la demande a été faite, mais pas la réponse ?

2e exemple.

*"Pouvons-nous à la pause, aller faire un tour **chacun** dans le parc de l'hôtel ?"*

- Est-ce chacun à tour de rôle ? (l'un après l'autre) ?
- Est-ce tous ensemble ? (en groupe et en même temps) ?
- Est-ce simultanément, mais chacun dans plusieurs directions ?

Déroulement.

Phase 1

L'animateur distribue le texte photocopié et propose aux participants d'abord de travailler individuellement, puis de se regrouper par 3 pour "vérifier" leurs interprétations.

Phase 2

Les mêmes petits groupes de 3 personnes, à partir des exemples cités, retrouvent des expressions équivoques qu'ils utilisent ou qu'ils ont entendu utiliser.

Exploitation.

Lorsque les participants ont pris conscience des équivoques qui se glissent dans la construction de leurs phrases, l'animateur peut leur proposer :

- pour la durée du stage : réunions, exercices et repas, de relever systématiquement les tournures équivoques.

- Après le stage, dans leur entreprise ou dans leurs relations personnelles, de noter ou si possible de faire remarquer ces équivoques.

photocopier et distribuer le texte de la page suivante →

EQUIVOQUES

Relevez dans les phrases suivantes les différentes interprétations possibles.

- *"Les femmes disent les hommes sont des chameaux".*

  ....

- *"Pouvons-nous faire un tour chacun dans le parc ?"*

  ....

- *"Les hommes aiment les bas de soie des femmes, surtout lorsqu'ils les enfilent"*

  ....

- *"Le routier s'approcha du chien et ouvrit sa grande gueule"*

  ....

- *"Monsieur FELIX informe madame TURPIN qu'il l'attendra chez lui pour fêter son anniversaire"*

  ....

- *"Bien que délabré, l'ancien ministre voulu s'asseoir sur le fauteuil"*

  ....

- *"Avant de donner ce médicament au malade, secouez-le"*

  ....

- *"Voici le caniche de monsieur le maire qui a de longues oreilles"*

  ....

- *"Le chef cuisinier de l'Elysée a préparé une tête de veau pour le Président, qui l'a décoré avec du persil"*

  ....

Chaque petit groupe doit se souvenir ou imaginer x expressions équivoques qu'il proposera et commentera.

(x = le nombre de personnes dans le petit groupe)

JE N'AI PLUS RIEN A ME METTRE

JE N'AI PLUS RIEN A ME METTRE

THEME	**Les attitudes de Porter**
DUREE	**20 minutes.**
MATERIEL	**Photocopies des textes, paper-board.**

Le but du jeu.

Lorsque l'autre nous adresse un message, nous avons différentes façons de répondre, qui ont été classées en 6 catégories par Porter (Les attitudes de Porter) :

1. **Evaluation :**exprimer un jugement "c'est bien", "c'est mal", "il ne faut pas"...

2. **Interprétation :** répondre en fonction de sa propre grille d'analyse et non en fonction d'une écoute de l'autre.

3. **Soutien :** réponse d'encouragement, consolation, dédramatisation.

4. **Enquête :** investigation de ce que l'autre exprime.

5. **Solution :** réponse stéréotypée "il n'y a qu'à..." sans prise en considération de l'autre.

6. **Reformulation :** répétition de ce qu'a dit l'autre, pour lui montrer qu'il a été écouté, lui signifier ce que l'on a compris, et l'inviter à confirmer, infirmer, ou modifier notre perception du message qu'il nous adresse.

L'exercice consiste à prendre conscience de ces 6 modes de réponse, à repérer ceux utilisés par certains participants, et à apprendre à en utiliser d'autres.

Préparation.

Proposer la situation suivante aux participants :

Un samedi soir, monsieur et madame X sont invités à un dîner habillé. Monsieur est prêt, madame sort de la salle de bains, se dirige vers la penderie, l'ouvre, examine ses vêtements, s'adresse à son mari pour lui dire "Je n'ai plus rien à me mettre !".

Distribuer à tous les participants les 6 réponses possibles de monsieur en leur demandant de classer ces réponses selon les 6 catégories inscrites sur le paper-board.

Déroulement.

- **Demander à six participants** de choisir chacun un type d'attitude et de répondre sur le mode choisi aux 3 messages (à un copain, à sa secrétaire, à son conjoint.

- **Distribuer à tous les participants** une photocopie de la page "les attitudes de Porter".

Exploitation.

Les participants qui ne jouent pas notent les réponses et aident les joueurs à prendre conscience de la précision de l'attitude choisie.

photocopier et distribuer les textes des 2 pages suivantes →

JE N'AI PLUS RIEN A ME METTRE !

Voici 6 réponses possibles de monsieur à madame.

☐ *"Je vois ici 3 robes, 4 jupes, 2 tailleurs et 5 pantalons, j'en ai moins dans mon placard".*

☐ *"C'est pas grave, on va arranger ça".*

☐ *"Tu as dépensé 3.000 F de vêtements ce mois-ci, tu devrais faire attention à ce que tu achètes".*

☐ *"Rien à te mettre..., qu'est-ce que tu veux dire exactement ?"".*

☐ *"Qu'as-tu acheté depuis 6 mois qui correspondait aux vêtements possibles pour ce soir ?"*

☐ *"Tu n'as qu'à mettre une robe noire, ça passe partout".*

→ *Classer ces 6 réponses selon les 6 attitudes de Porter en notant dans le carré ☐ placé en début de ligne le n° correspondant à chacune d'elles.*

LES ATTITUDES DE PORTER

Répondez sur le mode choisi aux 3 messages suivants :

A un copain : *"j'ai rencontré hier soir une fille magnifique"*

1 ....

2 ....

3 ....

4 ....

5 ....

6 ....

A sa secrétaire : *"le courrier ne peut pas partir ce soir"*

1 ....

2 ....

3 ....

4 ....

5 ....

6 ....

A son conjoint : *"la voiture est en panne"*

1 ....

2 ....

3 ....

4 ....

5 ....

6 ....

LES TOURNEURS FRAISEURS

LES TOURNEURS-FRAISEURS

THEME	**Systémique, homéostasie, changement.**
DUREE	**40 minutes.**
MATERIEL	**Photocopies du texte.**

Le but du jeu.

Les organisations, les groupes humains se rassemblent et vivent selon certains principes, relativement identiques, quelque soit le contexte.

Ces organisations : familles, clubs, entreprises, partis politiques, sectes, bandes, etc..., peuvent par exemple fonctionner en “système fermé” ou “système ouvert”.

Un **système fermé** n’échange rien avec son environnement, il utilise sa réserve d’énergie interne, au fur et à mesure du déroulement des actions, l’entropie atteint son maximum, le système s’étiole et tend à disparaître.

Un **système ouvert** est en relation permanente avec son environnement, il échange énergie et information avec son environnement, il rejette dans l’environnement de l’entropie, de l’énergie usée, mais grâce aux flux d’énergie qui le traverse, le système ouvert ne conserve que très peu d’énergie, d’information, et donc rejette peu, à l’image d’un réservoir qui se remplit et se vide, lentement à la même vitesse.

Un système fermé peut être un **système simple** non organisé et avec peu d’interactions : une molécule.

Un système ouvert peut être un **système complexe**. Ce système complexe est constitué d’une grande variété de composants, de fonctions, de niveaux hiérarchiques, de liaisons, d’interactions, à l’exemple d’une cellule, élément d’un organe, en liaison avec d’autres systèmes d’organes musculaires ou nerveux, en relation avec l’environnement : virus, stimulus etc...

L’exercice permet de se familiariser avec quelques lois des systèmes humains.

Préparation.

Lire lentement puis distribuer le texte aux participants.

Déroulement.

Demander aux participants de se répartir par groupes de 3 pour relever dans ce texte les indications sur :

- Les propriétés des systèmes simples et fermés.
- Leur pronostic sur l'avenir de cet IUT.
- Leurs propositions d'un système ouvert dans ce cas.
- Quatre exemples de systèmes fermés, ouverts, simples et complexes qu'ils ont connu et qu'ils doivent décrire au groupe : entreprises, clubs, groupes, partis, nations, familles, etc...

Exploitation.

Des explications complémentaires sont données sur :

- **L'approche systémique** qui relie, se concentre sur les interactions des éléments, considère les effets des interactions, perception globale, valide les faits par comparaison du fonctionnement du modèle avec la réalité, connaît les buts, les détails sont flous.

- **L'approche analytique** qui se concentre sur les éléments, perception séquentielle, valide les faits par la preuve expérimentale d'une théorie, connaît les détails, les buts sont flous.

photocopier, lire et distribuer le texte des 3 pages suivantes →

LES TOURNEURS-FRAISEURS (1)

Au milieu des années 1980, dans une région sidérurgique d'Europe de l'Ouest, un Institut Universitaire de Technologie de très grande capacité (4.500 élèves par promotion) a été inauguré pour résorber un chômage très important.

Un budget de 50 millions de francs a été débloqué par le Conseil Régional et le Fond de Développement Européen pour la construction de l'I.U.T., à 9 km de la ville, en rase campagne.

La direction de cet I.U.T. a été confiée à un homme d'expérience, d'une cinquantaine d'années et ancien directeur général d'une entreprise de fonderie, disparue avec la crise.

L'I.U.T. s'est spécialisé dans ce que l'on connaissait le mieux dans la région : le travail des métaux et la formation d'ouvriers qualifiés sur métaux.

Le directeur a donc recruté d'anciens contremaîtres, acheté des tours, et diverses machines-outils pour travailler les métaux.

Un concours a été mis en place pour sélectionner les candidats, un programme de deux ans et un examen final ont été organisés.

Au mois de juin, dans des locaux neufs, la première promotion a reçu la visite d'un Ministre qui a cité cette réalisation comme un exemple pour la Nation.

Trois ans plus tard un journaliste économique a interviewé le directeur de l'I.U.T. sur une très grande chaîne de télévision... L'émission fut catastrophique.

Le journaliste, bien documenté, demanda, non sans perfidie, pourquoi l'I.U.T. formait plus de 1.000 tourneurs-fraiseurs par promotion, par exemple, alors que dans les statistiques d'offres d'emploi de la région on ne relève que 30 à 40 postes de ce type proposés en raison du développement des machines à commande numérique et de la récession de l'emploi des métaux.

LES TOURNEURS-FRAISEURS (2)

Le directeur s'est fâché devant les caméras et a pris à parti le journaliste : "Monsieur, la Région a dépensé 50 millions de francs pour cet I.U.T. qui emploie 170 professeurs, qui a fait l'acquisition de 60 tours, où plus de 12.000 candidats se présentent aux examens et qui est visité par l'Europe entière, et vous voudriez que tout ceci s'arrête ?

Le journaliste ajouta "bêtement" : "Oui mais sur 1.000 diplômés 30 à 40 seulement trouvent un emploi..." Le directeur quitta l'émission.

- Relever les indications sur les systèmes simples et fermés.

. . . .

. . . .

. . . .

. . . .

. . . .

. . . .

. . . .

. . . .

. . . .

. . . .

. . . .

. . . .

. . . .

. . . .

. . . .

- Donner votre pronostic sur l'avenir de l'I.U.T.

- Vos propositions d'un système ouvert.

LA VAISSELLE

LA VAISSELLE

THEME	**Les jeux.**
DUREE	**30 minutes.**
MATERIEL	**Photocopies du texte.**

Le but du jeu.

La majorité de nos échanges est structurée en "jeu". Un jeu est un petit scénario répétitif, le plus souvent désagréable, pervers, où on retrouve un point de départ, un coup de théâtre, une amertume finale.

L'étude du texte "la vaisselle" permet de familiariser les participants d'un séminaire d'Analyse Transactionnelle avec la notion de jeu, les séquences d'un jeu, et plus particulièrement avec le triangle classique S.V.P. : (Sauveur/Victime/Persécuteur).

Préparation.

L'animateur distribue le texte "la vaisselle" en demandant aux participants de ne faire aucun commentaire oral.

Déroulement.

L'animateur propose aux participants de se répartir par petits groupes de 3 pour étudier le texte, donner un "surnom" aux 3 personnages et noter les "séquences du "mini-scénario" qui leur a été proposé.

Exploitation.

Phase 1

L'étude du texte "la vaisselle" permet à l'animateur de lancer un débat, des explications sur de nombreux concepts de communication :

- Les communications réelles, cachées.

- Les jeux (Sauveur/Victime/Persécuteur).
- Les drivers.
- Les doubles injonctions (doubles binds).

etc...

Phase 2
Dans une seconde phase, l'animateur peut demander aux groupes de 3, de se retrouver en atelier pour écrire un bref scénario de jeu professionnel ou personnel :

- un jeu Sauveur / Victime / Persécuteur,
- sur des communication obliques et des transactions parallèles,
- sur des drivers comme "sois fort", "dépêche-toi, "fait plaisir" etc...,
- sur des doubles contraintes où une injonction est mélangée à une injonction inverse.

photocopier et distribuer le texte de la page suivante →

LA VAISSELLE

Un dimanche à 14 heures, un mari apporte un soin extrême à essuyer pendant 5 minutes chaque verre pour aider sa femme à faire la vaisselle.

Comme elle ne réagit pas il se consacre à frotter le dos de chaque assiette comme pour les faire briller et il accompagne son travail de considérations sur sa technique de décapage de la porcelaine blanche.

Comme sa femme ne réagit toujours pas, il lance :
- "Heureusement que je suis là pour t'aider !"

Son épouse lui répond : "tu parles, tu te fous de moi !"

Il répond en retour, en posant son torchon : "Bon, si je ne sers à rien dans cette maison, je te laisse terminer"

Et il va s'asseoir dans son fauteuil en ouvrant largement son journal. Sa femme s'énerve, casse un verre, abandonne la vaisselle pour aller s'enfermer dans sa chambre avec un livre.

La fille aînée, qui a assisté à leur dialogue, termine calmement la vaisselle, va embrasser son père qui lui répond :
"Ha... heureusement que je t'ai... toi !",
puis la fille aînée propose à sa mère de sortir faire un tour, ce qu'elle accepte volontiers après avoir lacher à son mari en claquant la porte "surtout ne t'épuise pas !"

LE POT DE FLEURS

LE POT DE FLEURS

THEME	**L'altérité.**
DUREE	**15 minutes.**
MATERIEL	**Un pot de fleurs, éventuellement vidéo.**

Le but du jeu.

Il est parfois difficile d'expliquer l'altérité, et les différents comportements que nous adoptons lorsque nous "donnons" ou lorsque nous "recevons" un conseil, une information, un ordre, une idée, une récompense, ou un cadeau. Des non-dits, des arrière-pensées, des jeux, des stratagèmes et des rackets sont souvent présents sans que nous nous en rendions compte dans nos relations. La façon de recevoir ou de donner est également significative.

Préparation.

L'animateur du jeu achète ou demande un pot de fleurs. Il le pose sur une table et branche la caméra vidéo.

Déroulement.

Phase 1 :

L'animateur "donne" en silence le pot de fleurs au premier participant situé près de lui. Chaque participant doit ensuite "donner" en silence le pot de fleurs à son voisin, toujours sans rien dire.

Phase 2 :

L'animateur a récupéré le pot de fleurs qui a fait le tour de la table et donne une seconde fois ce pot de fleurs au premier participant en prononçant une phrase d'accompagnement. Le participant doit lui répondre en une phrase (autre chose qu'un simple "merci !").

Variante.

Si deux participants sont en conflit exprimé ou non dans le stage, l'animateur peut utiliser cet exercice pour introduire une régulation entre eux.

Exploitation.

Le jeu du pot de fleurs permet à l'animateur d'introduire plusieurs aspects des phénomènes de communication :

- Les feed-back.
- La communication non verbale.
- Les transactions (A.T.).
- Le degré d'altérité ou d'empathie.
- Les différentes attitudes lorsqu'on reçoit et lorsqu'on donne.
- Les messages accompagnateurs.
- Le non verbal.
- La symétrie (en PNL).
- Les doubles injonctions et messages contradictoires : verbal et le non verbal etc...

L'utilisation de la bande vidéo permet de revenir, d'observer, de souligner la communication des acteurs.

Cet exercice est une introduction à la communication : il est plus facile de donner que de recevoir, de dire que d'écouter etc...

LES QUESTIONS QUE J'AIMERAIS QUE L'ON ME POSE

LES QUESTIONS QUE J'AIMERAIS QUE L'ON ME POSE

THEME	**Communication.**
DUREE	**30 minutes.**
MATERIEL	**Aucun.**

Le but du jeu.

Une certaine retenue et un certain formalisme sont souvent présents dans nos échanges avec les autres. Nous sortons assez souvent d'une relation avec la déception de ne pas avoir pu dire tout ce que l'on avait à se dire, de ne pas avoir su ou osé se situer en "intimité" ou en connivence avec l'autre. Cet exercice est destiné à permettre cette audace (demander à ce que l'on nous pose les bonnes questions) et surtout à y répondre.

Préparation.

Les participants préparent par écrit les 3 questions qu'on leur pose rarement et auxquelles ils aimeraient répondre. Par exemple :

- A quoi te servent tes qualités ?
- Quelles sont les 10 mesures que tu prendrais dans la semaine qui suivrait ton élection à la présidence de la République ,
- Quel long métrage aimerais-tu réaliser ?

Déroulement.

Chaque participant doit prendre 10 minutes pour rédiger les 3 questions importantes pour lui. Les membres du groupe lui pose les questions de départ et les questions complémentaires : pourquoi ? Pourquoi est-ce important pour toi ? Pourquoi as-tu pensé à ce sujet ? Pourquoi personne ne te pose jamais cette question ? etc...

Exploitation.

L'animateur demande ensuite à chacun de s'exprimer sur ce que lui ont apporté les questions, ses réponses et les explications qu'il a du fournir.

DEMAIN J'ENLEVE MES ŒILLERES

DEMAIN J'ENLEVE MES ŒILLERES

THEME	**Sortir du cadre de référence.**
DUREE	**45 minutes.**
MATERIEL	**Aucun.**

Le but du jeu.

Cet exercice permet aux participants, lors d'une discussion de prendre réellement en compte l'opinion de l'autre, sans rester bloqué sur ses propres idées, et sans avoir l'impression de capituler dans un débat.

Préparation.

Les participants doivent, deux par deux, trouver des sujets de contradiction :

- La peine de mort.
- L'aide au tiers monde.
- L'avortement.
- L'écologie.
- L'école libre.

Etc...

Déroulement.

Deux par deux les participants doivent alternativement défendre leur propre point de vue et le point de vue contraire.

Par exemple :

- L'un est contre le rétablissement de la peine de mort et explique pourquoi.
- L'autre est pour et explique pourquoi.
- Le premier "change d'avis" et devient "pour, si".
- Le second "change d'avis" et devient "contre si".

Chacun tenant compte des avis émis par l'autre, puis reprend son avis d'origine en tenant compte, bien entendu de son ouverture.

Exploitation.

Cet exercice permet d'améliorer l'écoute, la reformulation et procure une nouvelle souplesse relationnelle aux participants.

LES CARREAUX

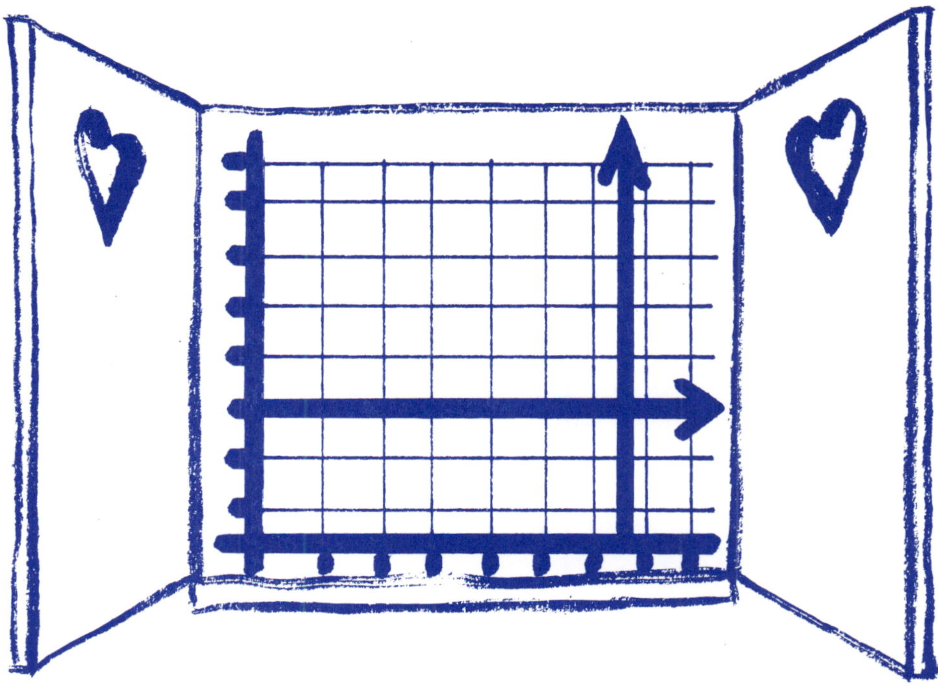

LES CARREAUX

THEME	**La transparence.**
DUREE	**1 heure.**
MATERIEL	**Photocopies du texte.**

Le but du jeu.

Cet exercice permet de découvrir les "4 degrés de transparence" de chacun dans une communication :

- Ceux qui savent peu de choses sur eux-mêmes et leur "façon de communiquer", alors que les autres la connaissent assez bien.
- Ceux qui savent beaucoup de choses sur eux-mêmes et leur "façon de communiquer", mais le dissimule aux autres.
- Ceux qui se connaissent et connaissent leur "façon de communiquer" et ne dissimulent pas leurs idées et leur personnalité aux autres.
- Ceux qui ne savent rien sur eux et dont on ne sait rien.

Préparation.

Demander aux participants d'établir leurs deux "fenêtres de transparence" de la façon suivante :

1 Tracer une ligne horizontale "A" de 10 cm de long, graduée de 0 à 10, de gauche à droite.

2 Tracer une ligne verticale "B" de 10 cm de long, graduée de 0 à 10, de bas en haut, à partir du point de départ de la ligne horizontale (0).

Cette phrase de préparation peut également servir de base pour lancer ultérieurement un exercice de communication orale.

En effet il suffit dans un premier temps de donner les indications ci-dessus sur un tempo assez rapide... et de laisser les participants communiquer entre eux uniquement de façon orale (pas de dessin, pas de gestes...) pour qu'ils en mesurent la difficulté. L'animateur en profite pour annoncer un prochain jeu de communication oral très amusant (par exemple "le capitaine").

Ensuite 2e temps, il redonne les indications de façon à ce que tous les participants puissent tracer leurs "fenêtres de transparence".

Déroulement.

Chaque participant estime seul son niveau de transparence à l'aide du mode d'emploi ci-après.

Exploitation.

Les "fenêtres" sont ramassées par l'animateur qui demandent aux participants d'établir de la même façon les fenêtres des autres.

L'animateur, avec les graduations sur les lignes A et B fait la moyenne de perception de chacun par les autres qu'il compare à la perception de l'intéressé.

Par exemple :

- Score A1, B1 = je ne connais rien de moi et les autres n'en savent rien : **l'inconnu**.
- Score A9, B1 = je connais tout sur moi, mais les autres n'en savent rien : **face cachée et jardin secret**.
- Score A1, B9 = je sais peu sur moi, mais les autres connaissent bien ma personnalité :
  aveugle.
- Score A9, B9 = je sais tout sur moi et je me livre aux autres : **transparence**.

Ces 4 carreaux de surface différente, peuvent être comparés à ceux d'une fenêtre, où l'on peut ne rien voir (occultée), voir dans un sens ou dans l'autre, ou voir dans les deux sens.

LES CARREAUX : MODE D'EMPLOI

Vous estimez individuellement votre niveau de transparence.

1 *Sur la ligne horizontale "A" vous estimez de 0 à 10 "ce que vous savez sur vous et votre façon de communiquer" :*

- *vous cochez 1, si vous estimez ne savoir presque rien ;*
- *vous cochez 9, si vous estimez pratiquement tout savoir.*

2 *Sur la ligne verticale "B" vous estimez de 0 à 10 "ce que vous pensez que les autres savent de vous et de votre façon de communiquer" :*

- *vous cochez 1, si vous estimez que les autres ne savent pratiquement rien sur vous car vous "dissimulez" tout ;*
- *vous cochez 9, si vous estimez que les autres savent tout sur vous, car vous exprimez pratiquement tout.*

3 *Vous tirez un trait vertical à partir du point que vous avez coché sur la ligne horizontale A.*

Vous tirez un trait horizontal à partir du point que vous avez coché sur la ligne verticale B.

Chaque superficie ainsi définie symbolise votre degré de transparence.

LA FOULE

LA FOULE

THEME	**Nécessité de communiquer.**
DUREE	**15 minutes.**
MATERIEL	**Aucun.**

Le but du jeu.

Cet exercice est destiné à faire comprendre aux participants qu'il est impossible de ne pas communiquer.

Préparation.

Demander aux participants de se lever, de s'imaginer être dans une gare ou un lieu public et de se promener dans la salle en se croisant, sans se regarder, se toucher ou se parler

Déroulement.

Après 2 à 3 minutes l'animateur dit stop !
Chaque participant se fige et se retourne vers son voisin le plus proche ; il doit le regarder en silence et sans faire aucun geste de communication non-verbale (sourire, soupirs, clin d'œil, etc). Dès que l'un d'entre eux n'a pas pu résister la ronde reprend et l'animateur recommence l'exercice au bout de 2 à 3 minutes avec des participants qui auront trouvé de nouveaux partenaires et qui auront des comportements différents.

Exploitation.

Cet exercice démontre que lorsque deux personnes sont face à face, il leur est impossible de ne pas communiquer, au moins par des expressions du visage, des sourires, des soupirs, une symétrie de posture, etc...

LA VILLA INFERNALE

LA VILLA INFERNALE

THEME	**Les règles du jeu.**
DUREE	**1 heure.**
MATERIEL	**Photocopies du texte.**

Le but du jeu.

Lorsque des personnes sont amenées à vivre ensemble, dans un club, dans une famille, ou dans une entreprise, la nécessité de mettre en place des “règles du jeu” apparaît assez rapidement. Ces règles sont destinées à contenir la liberté de chacun dans une liberté du groupe.

L’exercice permet aux participants de prendre conscience du moment où une règle du jeu devient nécessaire, de la façon de la négocier et de la faire accepter et respecter par tous.

Préparation.

Distribuer le texte “la villa infernale” aux participants qui doivent choisir un personnage.

Déroulement.

Les participants choisissent un des 7 personnages. Les 7 décident de tenir conseil pour établir des règles afin de :

1 Améliorer la vie quotidienne : repas, courses, vaisselle, ménage etc... ;

2 Partager des activités communes, communiquer, vivre plus ensemble...

La réunion doit durer 30 minutes, chacun doit en ressortir réellement d'accord avec les règles du jeu ; les règles du jeu doivent être écrites.

Exploitation.

L'animateur du jeu et les observateurs relèvent les points suivants dans la réunion :

- les concessions,
- les intransigeances,
- les négociations : "d'accord pour... si"
- les consensus partiels
- l'écoute et la prise en compte de l'autre,
- les reformulations,
- l'accord général final,
- la satisfaction commune,
- la vision de l'avenir,

etc...

Puis l'animateur peut demander aux participants de transposer cet exercice en établissant les "règles du jeu" dans leur entreprise.

photocopier et distribuer le texte de la page suivante →

LA VILLA INFERNALE

Deux familles, la famille Adam et la famille Barnabé ont loué pour tout le mois d'août une grande villa dans le midi.

Monsieur Adam est passionné de bateau et veut emmener tout le monde dès le petit matin en mer.

Madame Adam est passionnée de peinture et laisse ses tubes, ses pinceaux, ses palettes et ses toiles éparpillés dans toute la villa.

Adam junior (17 ans) est passionné de boîtes de nuits et rentre à 2 heures du matin.

Monsieur Barnabé est passionné de bridge et cherche perpétuellement 3 partenaires. Madame Barnabé est passionnée de cuisine et propose des expériences culinaires nouvelles et très originales tous les jours.

Barnabé junior (16 ans) apprend le saxophone et joue des gammes toute la journée. Mademoiselle Barnabé est passionnée de lecture et lit au moins un livre par jour.

Au bout de 2 jours la vie dans la villa est un enfer, personne ne se retrouve en même temps.

La cuisine, la salle de bain et le séjour sont en chantier, chacun se referme sur lui, personne ne s'occupe de la vie des autres alors que ces vacances étaient précisément prévues pour que les deux familles se retrouvent ensemble.

PLAY-BOY

PLAY BOY

THEME	**L'implication.**
DUREE	**30 minutes.**
MOYENS	**News magazine + la revue Play-Boy.**

Le but du jeu.

Lorsque l'animateur se trouve face à un groupe relativement "blasé", distant, cet exercice permet de créer un petit "drame" vite résolu qui permet d'impliquer les participants dans des échanges qu'ils n'arrivaient pas à démarrer entre eux.

Préparation.

L'animateur laisse de façon voyante sur une table près de la sortie de la salle quelques hebdos type l'Express, l'Edj, Elle et la revue Play-Boy (ou Lui ou New Look). Lors d'une pause, l'animateur dissimule discrètement la revue sexy. Au retour de la pause il se dirige vers la table, constate la disparition de son "Play-Boy" ou de son substitut.

Il se retourne alors vers le groupe en demandant :
"Qui est-ce qui m'a piqué mon Play-Boy ?"
Une rigolade se produit dans le groupe ou un silence gêné si celui-ci est vraiment très coincé.

L'animateur explique que *cela n'a aucune réelle importance* car il l'avait déjà lu, mais qu'il souhaite en profiter pour lancer un exercice de communication. D'un côté la défense, de l'autre l'accusation :

- La défense : chaque participant (par groupe de deux) devra préparer ses explications et justifications. L'un devra jouer le rôle du défenseur de l'autre (avocat), et ceci à tour de rôle.

- L'accusation : un participant joue le rôle de l'inspecteur de police qui mène l'enquête.
  Bien entendu tout le monde est de bonne foi puisque personne n'est responsable.

Déroulement.

Phase 1.

Les participants en binôme, se souviennent de leurs alibis et préparent leur défense, se plaçant à tour de rôle dans la position d'avocat et de suspect. Cette préparation peut se faire en aparté dans le hall ou le bar de l'hôtel où se déroule le séminaire (durée : 2 X 10 minutes).

L'inspecteur se choisit aussi un défenseur avec lequel il travaille de la même façon en binôme.

Si le groupe est en nombre impair l'animateur participe au jeu et révèle évidemment à son défenseur que c'est lui qui a caché la revue (mais ils passeront en dernier) lors de la phase suivante bien sûr.

Phase 2.

De retour dans la salle, l'inspecteur mène l'enquête, le défenseur répond pour son client.

L'expérience prouve que dans 80 % des cas un faisceau de présomptions fait accuser un participant (bien entendu innocent) qui se défend de façon véhémente.

L'exercice est enregistré en vidéo et dure 5 à 10 minutes. A la fin l'animateur, silencieusement, arrête la caméra, et ressort la revue de l'endroit où il l'avait cachée.

Il demande aux participants de bien vouloir le pardonner d'avoir délibérément introduit une suspicion au sein de leur groupe. Il explique que *ce n'est pas l'anecdote (sans importance) qui va être étudiée, mais la façon dont elle a été traitée.*

Exploitation.

L'enregistrement vidéo est la plupart du temps très riche en paramètres de communication :

- Mauvaise transmission de messages.
- Inférences.
- Valeurs.
- Jugements.
- Opinions.
- Les 6 attitudes de Porter.
- Style de questions.
- Reformulations synthèses.
- Reformulations inductives.
- Raisonnement déductif.
- Communication "ping-pong" (Oui, mais - Oui, mais).

Etc...

LE VELO

LE VELO

THEME	**La carte n'est pas le territoire.**
DUREE	**20 minutes.**
MATERIEL	**Paper-board.**

Le but du jeu.

La grande majorité des participants à un séminaire est convaincue que sa perception de la réalité sur des concepts simples, correspond à une réalité universelle et qu'il n'y a guère de différence entre la *représentation* d'une réalité, leur *perception* de cette réalité, et celle des autres.

Le jeu du "vélo" permet une illustration rapide et simple de la différence entre "la chose" et le moyen pour exprimer la chose, (le plus souvent un mot). Ce jeu peut se dérouler au début d'un séminaire où l'animateur souhaite faire la démonstration (difficile) des écarts entre réalité, perception et communication d'un concept, d'une idée, ou d'un simple objet, comme un vélo.

Préparation.

Le matin avant de démarrer son stage, seul dans la salle, l'animateur dessine un vélo sur toute la largeur d'un tableau de papier. Il recouvre cette feuille qu'il utilisera le moment voulu par quelques pages blanches.

Déroulement.

L'animateur commence par provoquer un débat sur le concept de la "réalité", la majorité des participants est généralement d'accord (contre l'animateur) pour considérer, qu'il existe du moins une certitude : celle qu'ils partagent le même sens des réalités, surtout s'il s'agit de réalités simples (une date, un document, un objet) et non de concepts (l'amour, la confiance, la foi, le désir, Dieu etc...).

Le débat peut durer 15 à 20 minutes, entretenu par l'animateur qui relance les interventions des uns et des autres, pour faire converger, contre lui, (assez rapidement) l'unanimité du groupe sur une définition de la réalité, qu'il inscrit au tableau.

Par exemple :

"La réalité c'est quelque chose de vrai, de vérifié"
"La réalité c'est ce qu'on peut toucher"
"La réalité c'est ce qui est accepté par tous"

L'animateur soulève la feuille où est dessiné le vélo, et demande à celui des participants qui lui a semblé, lors du débat le plus prudent et le plus nuancé sur l'idée de la réalité :

"Qu'est-ce que c'est ?"

Le participant répondra évidemment :

"Un vélo"

L'animateur lui répond sans lui laisser le temps de s'expliquer :
"Parfait, si C'EST un vélo levez-vous et montez dessus".

Exploitation.

Cet exercice surprend les participants qui peuvent commencer à nuancer les différentes perceptions et représentation d'une réalité. L'animateur peut donner d'autres exemples :

"La carte n'est pas le territoire..." (Alfred Korzybski)
"Le mot chien n'a jamais mordu personne..."

Il demande à chacun de proposer des exemples de confusion entre une réalité et sa représentation.

ROLAND GARROS

ROLAND GARROS

THEME	**La communication défensive.**
DUREE	**20 minutes.**
MATERIEL	**Chaises, tables et balles de tennis.**

Le but du jeu.

Cet exercice très simple consiste à faire prendre conscience aux participants que leurs discussions prennent souvent une tournure sans écoute, basée sur une contradiction symétrique à ce que dit l'autre.

Préparation.

Proposer aux participants d'éviter dans le jeu les formules telles que les éternels *"Oui... mais...", "Mais, non...", "Mais...si", "Au contraire", "je vais vous prouver que...",* ou des questions interronégatives comme *"Ne pensez-vous pas que...", "Je ne crois pas que...", "Je ne pense pas que"* etc... (A remplacer par des formules de début de phrases qui, sans changer le sens réel de leur réplique, les protègent au moins de la contre-réplique contradictoire quasi automatique de l'autre).

Par exemple les participants essayent d'éviter ce type de dialogue :

- "Vous êtes très cher !"
  - ***Oui mais,** vous avez une option de rachat avantageuse".*
- "Oui mais nous n'envisageons pas de revendre ce matériel tout de suite".
  - ***Oui mais,** vous devrez forcément le remplacer un jour".*
- "Oui mais ce n'est pas moi qui décide".

La première réplique peut être remplacé par une question ouverte ou une question en retour, ou par une formule qui ne contient pas de connotation négative ou contradictoire comme :

- "Vous êtes très cher !"
  - *"Il faut savoir que ce matériel bénéficie d'une reprise très avantageuse",*

ou
  - *Bien sûr nous sommes un peu plus cher que les autres, mais à votre avis pourquoi sont-ils moins cher ?*

- "Mais nous n'envisageons pas de revendre ce matériel tout de suite".
  - *"Bien sûr le remplacement se fera dans quelques années et à ce moment là, vous apprécierez très concrètement nos conditions"*

etc...

Déroulement.

Les participants se répartissent en petits groupes de 3 personnes avec une balle de tennis par sous-groupe. Deux d'entre eux se placent sur deux chaises face à face, et discutent de sujets libres comme l'Europe, l'immigration, la peine de mort, l'avortement, le chômage... ils se renvoient la balle à chaque échange réussi (sans contradiction).

Le troisième participant place sa chaise perpendiculairement aux échanges, il s'assoit sur le dossier de la chaise, les pieds sur la paille ou le coussin de la chaise comme un arbitre de tennis.

Le premier joueur qui réplique par une formule contradictoire ou négative est compté "out". Les parties peuvent se jouer avec revanche, belle, quart, demi et finale.

Exploitation.

L'animateur peut proposer à un arbitre de surveiller les démarrages de phrases contradictoires pendant le reste du stage ou d'une journée. Il peut également développer l'aspect relationnel de ce comportement dit de "contre-dépendance" qui consiste à prendre systématiquement une position diamétralement opposée à l'autre, ce qui est bien une forme de dépendance aussi caractéristique que la dépendance pure qui est l'approbation systématique. Les "Enfants rebelles" et "Parents normatifs" en Analyse Transactionnelle ont tendance à communiquer sur ce mode.

L'O.N.U.

PNL CO

L'O.N.U.

THEME	**Changer de point de vue, empathie, altérité.**
DUREE	**30 minutes.**
MATERIEL	**Aucun.**

Le but du jeu.

Pour sortir d'une position bloquée avec un interlocuteur, le fait de visualiser dans l'espace :

- Sa propre position et conception des choses
- La position et conception de l'autre
- La position et la conception d'un "observateur"

est une solution pour faire évoluer une situation figée.

Préparation.

Faire la démonstration suivante devant le groupe :

- un participant identifie mentalement (sans le nommer) un individu avec lequel il a une relation tendue et une divergence de point de vue.

Phase 1

L'animateur demande au participant de se déplacer dans la salle sur le lieu (dans un coin, à la porte, près de la fenêtre) où il se sentirait le mieux pour exprimer son point de vue à l'autre. De ce lieu, le participant évoque silencieusement sont point de vue en commençant par "Je" : "je pense que", "je suis sûr que", "je te dis que"....

Phase 2

L'animateur demande au participant de se déplacer dans la salle sur le lieu d'où s'exprimerait son partenaire et de s'exprimer au nom de ce partenaire défendant l'opinion adverse avec des arguments contraires, en commençant également les phrases par "Je" : "je crois au contraire que"... "je peux te démontrer que non parce que"... etc...

Phase 3

L'animateur demande au participant de se déplacer sur un 3e lieu d'où il pourrait le mieux observer les deux adversaires et de s'exprimer (toujours silencieusement) sans jamais utiliser ni "je" ni "tu".

Phase 4

L'animateur demande au participant de revenir à sa première position, d'évoquer son nouveau ressenti, sa nouvelle perception du conflit qui a généralement évoluée.

Déroulement.

Les participants se répartissent dans l'hôtel pour effectuer l'exercice individuellement.

Exploitation.

Les participants se retrouvent en groupe, l'animateur leur demande de décrire leurs expériences et les changements qui sont intervenus lorsque chacun est revenu à sa première position après être passé par les positions 2 et 3.

LES DENTS DE LA MER

LES DENTS DE LA MER

THEME	**Transparence.**
DUREE	**20 minutes.**
MATERIEL	**Tables en V.**

Le but du jeu.

Cet exercice de communication assez "rude" est un jeu de la vérité à plusieurs objectifs selon le besoin d'animation :

- Inciter les participants à communiquer de façon transparente, sans retrait, rituel, pudeur ou agressivité.
- Tester la résistance aux strokes négatifs, et en illustrer le principe.
- Réguler un groupe qui "bien qu'ayant beaucoup de choses à se dire", se réfugie dans des échanges polis qui dissimulent les vrais messages ou un lourd contentieux.

Préparation.

Disposer les tables en un **V** qui symbolise la machoire du requin. Demander à un participant de se placer, assis, silencieux, les deux mains à plat sur les cuisses, au milieu du V (entre les dents du requin).

Déroulement.

Chaque participant doit préparer une phrase par écrit, exprimant ce qu'il n'aime pas chez "X", en quelque sorte, "la dent qu'il a contre lui", mais :

- Sans banalité : "je n'aime pas la couleur de ta cravate".
- Sans agressivité : "pauvre type, raté, crétin..."

Cette petite phrase doit véhiculer l'essentiel de ce que chacun pense de négatif à propos du "supplicié" qui doit encaisser sans rien dire. L'animateur peut, à la fin du tour de table, demander au "malheureux" de synthétiser les opinions négatives qui ont été émises par le groupe à son sujet.

Exploitation.

Cet exercice est "explosif" et exige, pour le manier un certain professionnalisme. En particulier pour désamorcer le système et revenir sur des notions clés de la communication : transparence, flexibilité, transactions directes, strokes, timbres, etc...

En cas de danger, l'animateur peut proposer un exercice identique sur des gratifications en disposant les participants en rond, sur des chaises côte à côte, et réaliser le même type de jeu mais cette fois sur le thème "ce que j'aime en toi c'est...".

BATAILLE

BATAILLE

THEME	**Identité et comportement.**
DUREE	**30 minutes.**
MATERIEL	**32 cartes à fabriquer.**

Le but du jeu.

Cet exercice permet aux participants de faire la différence entre identité et comportement. Lorsque je dis “Tu es beau” je m’adresse à ton identité, lorsque je dis “Je n’ai pas apprécié ton retard” je m’adresse à ton comportement.

Préparation.

L’animateur fabrique avec les stagiaires 32 cartes constituées de :

- 8 appréciations positives sur l’identité : “Tu es intelligent”, “tu es beau”, etc...
- 8 appréciations positives sur le comportement : “J’aime ta façon de me regarder lorsque je parle”, “j’aime ta facilité à reformuler” etc...
- 8 appréciations négatives sur l’identité : “tu est lent”, “tu es bête”...
- 8 appréciations négatives sur le comportement : je n’aime pas ta façon de poser des questions insidieuses”, “je n’aime pas quand tu t’agites comme ça”.

Déroulement.

Deux participants se mettent à jouer, en tirant des cartes au hasard qu’ils doivent recouvrir les unes par les autres comme à la bataille.
Les appréciations positives l’emportent sur les appréciations négatives.

Les “je” l’emportent sur les “tu” car en disant “je” je m’implique dans la relation en relativisant ma perception, alors que les “tu” énoncent un jugement sans appel.
Celui qui a ramassé le plus de cartes a gagné.

Exploitation.

Cet exercice permet :

- une découverte des signes de reconnaissance négatifs, positifs, conditionnels, inconditionnels.
  - Signe de reconnaissance inconditionnel négatif :
    “Je ne peux supporter votre présence” = rejet absolu.

  - Signe de reconnaissance inconditionnel positif :
    “Avec toi tout me paraît facile” = admiration sans réserve.

  - Signe de reconnaissance conditionnel négatif :
    “Je n’apprécie pas tes retards” = reproche sur un point.

  - Signe de reconnaissance conditionnel positif :
    “J’ai trouvé votre exposé très bien fait” = valorisation sur un point.

- de faire la différence entre le comportement et l’identité. La plupart du temps nous assimilons un comportement (bienveillant, agressif, indifférent) à la personnalité de notre interlocuteur :

  - bienveillant = il est sensible,
  - agressif = il est méchant,
  - indifférent = il est froid.

LA TAXE

LA TAXE

THEME	**Le langage spécifique**
DUREE	**20 minutes.**
MATERIEL	**Photocopies du texte.**

Le but du jeu.

Le jeu de "la taxe" est destiné à sensibiliser les participants à l'abus de généralisation et à les entraîner au "recadrage de sens" dans leur communication.

Savoir éviter les globalisations abusives, les omissions, les distorsions, et acquérir le réflexe de passer d'une communication "non-spécifique" à une communication "spécifique".

Il est possible d'utiliser cet exercice :

- soit dans un séminaire de communication utilisant ou non la PNL,
- soit dans un stage de vente pour apprendre aux commerciaux, à la fois à s'exprimer de façon spécifique et surtout à obliger leurs clients à sortir des généralités et à spécifier leurs besoins et désirs d'achat,
- soit dans une formation au management ou au développement personnel où il est nécessaire de travailler la spécificité des messages.

Préparation.

L'animateur propose le texte "la taxe" à un participant, qu'il a pu repérer pour ses qualités d'imagination et de créativité en le laissant libre d'enrichir l'histoire par toutes les précisions personnelles qui lui viendront à l'esprit.

Déroulement.

Confier le texte au participant choisi, qui le lit lentement et à haute voix au groupe.

Distribuer le texte aux participants en les invitant à poser des questions “spécifiques” :

1. “Il a l’air en colère” : cela se manifeste comment ?
2. “Il te fait peur” : comment précisément ?
3. “Il ferait mieux de changer” : changer quoi ?
4. “Il faut qu’il s’adapte à la situation” : comment et à quelle situation ?
5. “Les gens” : qui exactement ?
6. “C’est important” : pour qui et pourquoi ?
7. “Personne n’y peut rien” : qui ne peut quoi ?
8. “C’est dommage” : pour qui ?

Exploitation.

Le dialogue entre les participants et celui qui a proposé le texte non spécifique est analysé par le groupe qui peut :

- Relever la difficulté à spécifier, sans généralisation, omission ou distorsion.
- Décider pendant toute la journée de ne proposer que des messages spécifiques **en taxant de 5 F** ceux qui emploient des généralisations, des omissions ou des distorsions. La dite taxe revient au premier qui relève une communication non spécifique de la part du groupe... ou de l’animateur. (Bien entendu l’animateur ne taxe personne).

photocopier et distribuer le texte de la page suivante →

LA TAXE

"Le mari de ma sœur a toujours l'air en colère,

....

....

il me fait peur.

....

....

Il ferait mieux de changer, il faut qu'il s'adapte à la situation, les gens autour de lui pense que c'est important, mais personne n'y peut rien...
c'est dommage..."

....

....

....

....

PAS DE PROBLEME

PAS DE PROBLEME

THEME	**La communication positive.**
DUREE	**15 minutes.**
MATERIEL	**Photocopies du texte et de la grille.**

Le but du jeu.

Nous avons tendance à communiquer sur un mode négatif :
"Ne pensez-vous pas que..." - "Vous ne pouvez pas..."
"Vous ne savez pas si..." etc. Notre interlocuteur est alors fortement tenté de répondre "NON" de façon instinctive. L'élimination de toute formule négative est indispensable pour améliorer sa communication, le jeu consiste à remplacer toutes les expressions interronégatives "Vous, ne...pas ?" et tout mot négatif par son correspondant positif : "Ce n'est pas très loin du tout" = "c'est tout près" etc...

Préparation.

Proposer les phrases de la page suivante.

Déroulement.

Les participants se répartissent deux par deux et transforment les phrases précédentes en formules positives. Exemple : La vendeuse au client dans le magasin : "Je ne peux pas vous aider ?"
"Non, je regarde", répondent 80 % des clients.
A remplacer par : "Vous cherchez quelque chose, dans quelle taille ?" ou "Vous cherchez quelque chose pour vous ou pour quelqu'un d'autre ?" ou toute formule éliminant une question interronégative.

Exploitation.

L'animateur du jeu propose aux participants de transformer en expressions positives, celles qui leur viendraient à l'esprit sous une forme négative, pendant toute la durée du séminaire à l'aide de la grille de la page 152.

PAS DE PROBLEME

⊟ *"Je ne peux pas vous aider ?*

⊕ ....

⊟ *"Vous n'aurez pas de soucis"*

⊕ ....

⊟ *"C'est sans risque"*

⊕ ....

⊟ *"Ce n'est pas dangereux"*

⊕ ....

⊟ *"En cas de panne"*

⊕ ....

⊟ *"Si c'est grave"*

⊕ ....

⊟ *"Il n'y en a plus pour longtemps"*

⊕ ....

⊟ *"Il n'y a pas de danger"*

⊕ ....

⊟ *"C'est très bon marché"*

⊕ ....

⊟ *"Quel est votre problème ?*

⊕ ....

⊟ *"Vous ne savez pas quand je peux le joindre ?"*

⊕ ....

⊟ *"N'oublies pas les croissants"*

⊕ ....

⊟ *"Ne rentre pas trop tard"*

⊕ ....

⊟ *"Personne ne prend d'apéritif ?"*

⊕ ....

JE POSITIVE

⊟ ....
⊕ ....

⊟ ....
⊕ ....

⊟ ....
⊕ ....

⊟ ....
⊕ ....

⊟ ....
⊕ ....

⊟ ....
⊕ ....

⊟ ....
⊕ ....

⊟ ....
⊕ ....

⊟ ....
⊕ ....

⊟ ....
⊕ ....

⊟ ....
⊕ ....

⊟ ....
⊕ ....

⊟ ....
⊕ ....

⊟ ....
⊕ ....

A.T.

DOG'S DAY

THEME	**Les timbres.**
DUREE	**20 minutes.**
MATERIEL	**Photocopies du texte.**

Le but du jeu.

La vie et les autres nous distribuent à longueur de journée des plaisirs ou des désagréments que nous conservons, comme des "bons cadeaux", des timbres.

Chacun d'entre nous a une capacité différente de réception de ces timbres, en fonction de leur nature, de leur quantité.

Cet exercice est destiné à faire comprendre aux participants la notion de "collection de timbres" en Analyse Transactionnelle.

Préparation.

L'animateur propose le texte aux participants qui se répartiront en groupe de 3 pour l'étudier et répondre aux questions.

Déroulement.

L'animateur fait le tour des petits groupes pour vérifier que les participants trouvent bien des exemples, et s'intéressent au mécanisme de la "collection de timbres".

Les participants, de retour dans le groupe exposent ce qu'ils ont retiré du texte, et complètent par leurs expériences professionnelles et personnelles de ce type.

Exploitation.

L'animateur présente le principe des "timbres", qui selon l'Analyse Transactionnelle consiste à collectionner des sentiments désagréables ou de colère sans pouvoir les exprimer :

François ne peut pas engueuler la douche, la bouilloire, ses enfants qui dorment, son client, son collaborateur, ni sa charmante femme.

Il collectionne des timbres toute la matinée, sur un espace limité.

Certains timbres importants se décollent, d'autres qui pourraient paraître moins importants collent définitivement.

Lorsque la collection est pleine, (le vase déborde), la concentration de colère inexprimée se libère sur un interlocuteur à propos d'un détail sans commune mesure avec la réaction de François.

photocopier et distribuer le texte des 3 pages suivantes →

DOG'S DAY (1)

François ouvre un œil à 7 h 30, il est un peu en retard, son réveil n'a pas sonné, il a 15 minutes pour déjeuner, se laver, s'habiller et partir, c'est jouable.

Il place une bouilloire d'eau sur le gaz, va faire couler sa douche ; sa femme y a laissé du linge à sécher, il porte le linge dans la cuisine et retourne sous la douche. Les enfants n'y ont pas laissé le savon qui est sur le lavabo, il sort en glissant le prendre, retourne sous la douche qui est devenue froide, car sa femme fait couler de l'eau chaude.

Avant d'avoir pu se savonner, la bouilloire siffle. Il ressort de la douche, cherche un bol. Les bols sont dans le lave-vaisselle qui tourne, il prend un verre, y verse du café en poudre et de l'eau bouillante, le verre éclate, le café se renverse sur le sol.

Tant pis, pas de café, il va dans sa penderie, cherche deux chaussettes identiques : introuvables, et se résoud à mettre une chaussette bleue foncée et une chaussette noire.

Toutes les chemises bleues sont dans la machine à laver. Il ne lui reste que deux chemises vertes, rayées et les cravates club bleues : il va avoir un look gangster, tant pis.

Enervé il tire un peu fort sur un lacet qui se casse, il garde toujours son calme, il est 8 h 25, il prend l'ascenseur et réalise qu'il a oublié ses lunettes et ses clés.

Il remonte à l'appartement, rencontre sa femme qui lui dit "alors gros nounours on n'embrasse plus sa petite femme avant de partir ?". Il s'excuse et l'embrasse tendrement.

Le concierge lui fait remarquer qu'il n'a pas reçu le chèque du loyer. En sortant sa voiture du parking un camion doit faire un écart, le chauffeur le traite de pauvre C...

Arrivé à son bureau, la réceptionniste lui dit "vous avez une tête de moribond, ça va pas ?". Il convoque un de ses collaborateurs qui ne l'écoute pas et fixe, goguenard, son ensemble chemise-cravate.

DOG'S DAY (2)

La comptabilité lui dit que le virement des salaires aura une semaine de retard, son banquier l'appelle pour lui signaler qu'il a un découvert de 1.000 Francs, un client décommande le rendez-vous du matin.

Il est midi, il tient toujours, et décide, pour se détendre d'aller déjeuner seul au restaurant. Le service est lent, il attend toujours l'entrée depuis une demi-heure.

A midi et demi sa secrétaire le rejoint à table et lui demande (pour la première fois en 2 ans) de sortir ce soir une heure plus tôt.
Il lui répond sèchement "non", se lève, renverse sa chaise, jette sa serviette sur la table et crie au patron en sortant du restaurant "espèce d'incapable, je ne mettrai plus les pieds ici".

Sa secrétaire et les clients du restaurant le regardent en hochant la tête, il se sent totalement ridicule et décide d'aller s'acheter 2 tablettes de chocolat au lait.

Vous avez certainement vécu des enchaînements et une chute semblable, pouvez-vous :

- Décrire un enchaînement professionnel et personnel de ce type.

....

....

....

....

....

....

....

DOG'S DAY (3)

- Expliquer son mécanisme affectif, et plus particulièrement l'explosion en finale.

TCHANG

TCHANG

THEME	**Les besoins.**
DUREE	**15 minutes.**
MATERIEL	**Photocopies du texte.**

Le but du jeu.

Dans la vie, nous sommes à la recherche de satisfactions diverses qui peuvent se hiérarchiser :

- Survivre et satisfaire des besoins physiologiques élémentaires.
- Se protéger et cherche à éprouver un sentiment de sécurité.
- S'intégrer et éprouver une satisfaction d'identification sociale.
- Echanger et éprouver une satisfaction de reconnaissance.
- Réaliser et éprouver une satisfaction d'accomplissement personnel.

Plusieurs lois, fort simples, régissent cette hiérarchie des besoins :

- Il est très difficile de se préoccuper d'une satisfaction sans avoir réalisé la précédente.
- Une pulsion naturelle nous entraîne à rechercher la satisfaction suivante lorsque la précédente est réalisée.
- La recherche de ces satisfactions est combinée : on n'abandonne jamais totalement la préoccupation d'une satisfaction de sécurité lorsque l'on est en soif de reconnaissance etc...
- Certaines personnes s'arrêtent à un niveau de satisfaction qu'elles estiment suffisant : la sécurité, le statut social, ou la reconnaissance.

Préparation.

Lire le texte avant de le distribuer aux participants.

Déroulement.

Les participants identifient les étapes de satisfaction des besoins de Tchang, et deux par deux reconstituent des parcours semblables, (vécus par d'autres ou par eux), qu'ils devront présenter au groupe :

Par exemple :
Robinson Crusoé qui cherche à se nourrir, se construit une cabane, entre en communication avec Vendredi, puis s'intègre à la tribu avant de rentrer en Angleterre pour écrire son histoire.

Le jeune *compagnon* du moyen-âge, qui de "commis", devient "maître" avant de réaliser le "chef-d'œuvre" de sa vie professionnelle.

Exploitation.

Il est possible d'extrapoler de ce principe de recherche de satisfactions en 5 étapes, d'autres phénomènes proches comme par exemple les états de structuration d'un groupe, les étapes de la participation dans un séminaire...

photocopier, lire et distribuer le texte des 3 pages suivantes →

TCHANG (1)

Tchang dentiste et vietnamien a quitté son pays, sur un zodiac, et il a échoué aux Philippines après avoir dérivé pendant 3 mois. Amaigri de 12 kilos, il est resté dans un camp de transit avant d'obtenir un visa provisoire pour la France.

Arrivé en France, avec 2.500 francs en poche, Tchang a vécu assez proche de la clochardisation, en se nourrissant des dons de restaurants asiatiques, mais au moins, il n'avait plus faim, ni soif, ni peur.

Un restaurant lui a proposé de travailler aux cuisines, moyennant un salaire de 3.000 F et la disposition d'une minuscule chambre au sous-sol.

Tchang a acheté un lit, une petite table, une chaise, a pu faire brancher un téléphone, a ouvert un compte en banque et a obtenu un permis de séjour officiel.

Un sentiment de bien-être, l'envahissait lorsqu'il refermait à clé la porte de sa petite chambre le soir.
Sur cette base modeste, mais solide, il envisagea de rétablir sa situation personnelle.

Tchang commença à sortir un peu, à rencontrer d'autres vietnamiens, qui s'étonnaient de voir un dentiste préparer des rouleaux de printemps et des nems au fond d'une cuisine.
Peu à peu Tchang rencontra des confrères dentistes, et se préoccupa des démarches pour faire valider son diplôme. Il devint employé comme assistant dentaire chez un compatriote pendant la durée de ses études pour obtenir son diplôme français. Tchang abandonna son jean et son blouson, pour s'habiller de façon plus conventionnelle en costume cravate, il loua un petit studio dans le 13e arrondissement et commença à sortir avec une jeune dentiste, Catherine, qu'il avait rencontrée à la faculté.

TCHANG (2)

Les années suivantes, Tchang ouvrit son cabinet dentaire dans le 16e arrondissement, se maria avec Catherine, partagea sa vie entre ses beaux-parents médecins, qui l'avaient adopté et chez qui il passait la plupart de ses week-ends, avec ses deux fils qu'il avait inscrit dans un excellent collège.

Les commerçants du quartier aimaient bavarder avec lui, il faisait partie de Rotary local et par son mariage obtint la nationalité française.

Dix ans plus tard, Tchang publia un livre sur son aventure au Vietnam, et fut élu comme conseiller à la mairie du 16e.

LA PYRAMIDE DES SATISFACTIONS

- Survivre et satisfaire des besoins physiologiques élémentaires.

....

....

....

- Se protéger et cherche à éprouver un sentiment de sécurité.

....

....

....

- S'intégrer et éprouver une satisfaction d'identification sociale.

....

....

....

- Echanger et éprouver une satisfaction de reconnaissance.

....

....

....

- Réaliser et éprouver une satisfaction d'accomplissement personnel.

....

....

....

LE MENU

LE MENU

THEME	**La mémoire.**
DUREE	**15 minutes.**
MATERIEL	**Photocopies du menu.**

Le but du jeu.

Le menu est un exercice destiné à entraîner l'esprit à la mémorisation de données, par les procédés visuels, auditifs ou kinesthésiques.

Préparation.

L'animateur du jeu distribue le "menu" à 5 participants.

- 4 participants jouent le rôle des convives : chacun fait son choix, en silence en cochant une des trois entrées, un des trois poissons, une des trois viandes, un des trois desserts et un des trois vins.
- Le 5e participant joue le rôle du maître d'hôtel, il prend connaissance du menu, peut le conserver pendant le jeu, mais ne doit rien noter.
- L'animateur du jeu distribue 20 petits cartons blancs (bristol) au maître d'hôtel.

Déroulement.

Les 4 participants se placent autour d'une table, et à tour de rôle, commandent leur menu au maître d'hôtel, qui sans rien noter, doit mémoriser les plats commandés, puis "servir" (en écrivant sur les petits cartons) dans l'ordre du repas, le plat exact commandé par chacun, dessert et vin compris.

Les autres participants, qui ne jouent pas les convives, sont invités à jouer en silence comme s'ils étaient aussi des maîtres d'hôtel pour repérer quelle(s) mémoire(s) ils sollicitent eux-mêmes.

Exploitation.

Cet exercice permet au participant qui joue le rôle du maître d'hôtel de repérer s'il a utilisé :

- sa mémoire visuelle (les plats),
- sa mémoire spaciale (les places),
- sa mémoire auditive (les noms des plats ou les n° 1, 2, 3 de chaque catégorie),
- sa mémoire kinesthésique (j'aime/j'aime pas, tel goût avec telle personne),
- s'il a procédé de façon linéaire (mémoriser l'intitulé entier du plat),
- s'il a procédé de façon globale (bœuf, sole, terrine etc...).

photocopier et distribuer le texte de la page suivante →

COMPOSEZ VOTRE MENU

choisissez un plat dans chaque catégorie :
une entrée, un poisson, une viande, un dessert, un vin

Terrine de petits légumes au confit d'oie,
Cocktail Brésilien de crevettes sauce diable,
Plateau de fruits de mer Armoricain.

*

Sole au beurre blanc sur lit d'épinards,
Saint pierre à l'oseille,
Petit coulis de poulpe au basilic

*

Paupiettes de marcassin aux pommes,
Fricassée de pintade aux choux,
Bœuf à la moelle sauce poivre.

*

Gâteau de pignons chantilly,
Forêt noire à la pulpe d'ananas,
Sorbet exotique au rhum.

*

Vins
Entre deux mer "domaine la rivière" 86
Vosnes-romanée-conty 78
Chasse-spleen (médoc) 77

LA SOUPE A L'OIGNON

LA SOUPE A L'OIGNON

THEME	**L'assertivité.**
DUREE	**20 minutes.**
MATERIEL	**Photocopies du texte.**

Le but du jeu.

Nos réactions face à certaines frustations de la vie peuvent être de 4 types :

- L'agression : réagir de façon violente, attaquer.
- La passivité : accepter, somatiser, sans réaction apparente.
- La manipulation : réaction oblique en séduction, flatterie etc...
- L'affirmation de soi : réaction de négociation de recherche d'un accord et d'un résultat.

Préparation.

Proposer le texte "la soupe à l'oignon" aux participants.

Déroulement.

Phase 1

L'animateur propose aux participants d'écrire leur réaction :

Par exemple :

- Je mange ma soupe sans rien dire en pensant que je me suis fait avoir et que je ne reviendrai plus dans ce restaurant.
- Je traite la serveuse d'incapable, et j'exige une autre soupe.
- Je fais un grand sourire à la serveuse, et confondu d'excuses je lui dit que je trouve la soupe pas assez chaude et que le cuisinier ne l'a pas écoutée.
- Je lui demande combien de temps il faut pour réchauffer la soupe.

Phase 2.

Les participants se groupent 3 par 3. (A, B, C) :
A demande quelques chose à B, qui lui répond par une frustation.

Exemple :

- Mr A propose à Madame B un petit calin. Réponse : "Pas ce soir j'ai la migraine".
- Mr A est à l'arrêt pour prendre la place d'une voiture qui déboîte de son stationnement, Mr B lui souffle la place sous son nez.
- Mr A fait la queue pendant 1 heure pour voir un film en première exclusivité. Quand il arrive à la caisse, l'hôtesse lui annonce avec un grand sourire "c'est complet".
- Le vendeur a promis à Monsieur B que sa nouvelle nouvelle voiture serait livrée le vendredi, veille de ses vacances en Toscane.
  Le vendredi matin le réceptionniste de la succursale lui annonce que les livraisons sont attendues pour le mardi suivant.

Etc...

Réactions de Mr A : Agression ? Passivité ? Manipulation, Assertivité ?

C est en position d'observateur.

A, B, C, changent de rôle pour tenir celui du frustré-réactif au moins une fois.

Exploitation.

L'animateur expose les 4 types de comportements classiques face à une déception ou une frustation : passivité, agressivité, manipulation ou assertivité.

photocopier et distribuer le texte de la page suivante →

LA SOUPE A L'OIGNON

Vous sortez du cinéma un soir d'hiver, et vous vous dirigez vers un restaurant proche qui affiche "Soupe à l'oignon" au menu.

Compte tenu de la température vous entrez immédiatement séduit par la perspective d'un bol fumant et brûlant qui vous réchauffera les mains et le corps entier.

Vous commandez une soupe à l'oignon "brûlante" à la serveuse qui vous répond : "pas de problème".

La soupe met 25 minutes à être servie, et elle arrive sur votre table un peu chaude, mais non brûlante comme vous l'aviez imaginé.

Mes réactions :

....

....

....

....

....

....

....

....

....

....

....

....

....

LES HOMMES SANDWICH

LES HOMMES-SANDWICH

THEME	**Expression créative.**
DUREE	**30 minutes.**
MATERIEL	**Feuilles de paper-board, feutres, ruban adhésif + photocopies**

Le but du jeu.

Dans certains cas l'animateur a pour mission de "débloquer" les participants :

- Soit parce que appartenant à une même entreprise, ils communiquent en "retrait ou en rituel".
- Soit parce que peu habitués aux séminaires de formation ils sont gênés par leur position de stagiaire.
- Soit parce que l'objectif du séminaire est de faire sauter un certain nombre de verrous, par exemple avant de commencer une séance de créativité.

Préparation.

Détacher deux feuilles de paper-board par participant et les distribuer à chacun avec un feutre de couleur.

Déroulement.

Phase 1.

Chaque participant doit tracer sur une des feuilles un dessin qui symbolise sa personnalité, ses idées ou ses goûts et doit inscrire 3 adjectifs que d'après lui ses amis utilisent pour le définir.

Lorsque ce premier travail est effectué, chaque participant se lève et relie avec deux morceaux de ruban adhésif les petits côtés du rectangle de chaque feuille pour se confectionner une sorte de chasuble qu'il enfile sur ses épaules :

- La feuille dessinée doit être placée devant, sur la poitrine, avec le dessin à l'intérieur.
- La feuille vierge, est placée dans le dos.

Phase 2.

Les participants se lèvent, chacun doit tracer dans le dos de son camarade un **petit** dessin accompagné des 3 adjectifs qui le définissent (pour 12 participants, 1 stagiaire aura 11 dessins et 33 mots dans le dos).

Exploitation.

L'animateur affichera sur un mur, (en fin d'exercice après avoir fait écrire les prénoms en haut de chaque feuille dessinée) tous les tableaux de face (façon dont un stagiaire se perçoit et se définit) et les tableaux de dos (façon dont les autres le perçoivent et le définissent).

L'animation qui suivra consistera par exemple à demander à chaque participant de donner des explications sur sa définition et ses réactions sur la définition des autres.

Dans une seconde phase l'animateur peut demander à chaque participant de se redéfinir en 3 adjectifs et un dessin par rapport à la perception des autres (en utilisant la page 176).

photocopier et distribuer la page suivante →

MES 3 ADJECTIFS

- ....
- ....
- ....

MON DESSIN

CONCERTO A 4 MAINS

CONCERTO A 4 MAINS

THEME	**La synchronisation.**
DUREE	**15 minutes.**
MATERIEL	**Aucun.**

Le but du jeu.

Il est important d'apprendre à établir un rapport à base de synchronisation avec un interlocuteur : se régler sur ses critères, sur ses mots, sur ses modes de représentation sensorielle, et sur sa gestuelle.

Dans ce rapport nous pouvons être :

- Leader (diriger la synchronisation : l'autre se calque sur nous).
- Suiveur (nous reproduisons les critères, mots et gestes de l'autre).

Le rapport devient parfait à un moment facilement identifiable lorsque chacun des deux interlocuteurs ne sait plus qui dirige et qui suit tant leur communion est parfaite.

Préparation.

Demander aux participants de se lever face à face deux par deux : A et B.

A plaque sa main droite sur la main gauche de B (paume contre paume), et sa main gauche sur la main droite de B, à hauteur du visage.

Déroulement.

Au signal de l'animateur A qui est "leader" exerce une pression et pousse les mains de B (qui est suiveur) dans certaines directions (en haut, en bas, en avant, en arrière etc...). Durée 1 minute.

L'animateur propose de "changer" : B devient leader et pousse les mains de A. Durée : 30 secondes.

L'animateur propose de "changer", A redevient leader : durée 20 secondes.

L'animateur propose de "changer" : B est leader pour 15 secondes, etc... jusqu'à 5 ou 2 secondes.

Exploitation.

Après 5 ou 6 changements de leader les participants perçoivent physiquement ce moment très précis où ils ne savent plus très bien qui dirige, tant leur communion est parfaite, et parce qu'ils ont trouvé un rythme, un style commun, une harmonie gestuelle en totale synchronisation. Le rapport est parfait. Le même phénomène peut s'observer dans la danse ou la sexualité.

Dans la communication nous devons rechercher à atteindre ce type de synchronisation qui procure un sentiment de communion.

C'EST MADAME

QUI DECIDE ?

C'EST MADAME QUI DECIDE ?

THEME	**Les états Parent/Adulte/Enfant.**
DUREE	**30 minutes.**
MATERIEL	**Photocopies du texte, du schéma et de la grille.**

Le but du jeu.

Lorsque nous communiquons, nous pouvons adopter 10 "états" :

1 Notre **Parent Normatif Négatif** (PN–), s'adresse à l'autre de façon autoritaire, donne des ordres, sans les expliquer.

2 Notre **Parent Normatif Positif** (PN +) donne des ordres, décide, mais prend le temps de justifier.

3 Notre **Parent Donnant Négatif** (PD–) materne, surprotège, et déresponsabilise l'autre.

4 Notre **Parent Donnant Positif** (PD+) explique, entraîne, facilite le travail de l'autre.

5 Notre **Adulte Logique** (AL) calcule, analyse, sans supériorité ni soumission, uniquement tourné vers une solution rationnelle.

6 Notre **Enfant Libre** (EL) exprime ses sentiments et états de base, colère, rires, complicité, peur etc...

7 Notre **Enfant Soumis** (ES) accepte sans discuter l'autorité de l'autre et les contraintes d'une situation.

8 Notre **Enfant Rebelle** (ER) s'oppose à l'autorité et la provoque.

9 Notre **Enfant Manipulateur** (EM) procède par flatterie, flagornerie, séduction face à l'autre.

10 Notre **Adulte Adapté** (AA) fait le meilleur choix des 9 états précédents pour s'adapter à l'autre, au contexte, à son objectif.

Cette palette d'attitudes se retrouve dans toutes nos façons de communiquer. L'exercice consiste à les identifier.

Préparation.

Lire puis distribuer le texte et le schéma aux participants.

Déroulement.

Les participants doivent identifier les "états" présents dans les 10 séquences.

Et reconstituer la scène en traçant des flèches numérotées d'une séquence à l'autre.

Exemple :

1re séquence Denis (AL) au vendeur (attendu AL) :
"Nous voudrions mettre 800 à 1000 F"... etc...

Exploitation.

L'exercice terminé, demander aux participants de reconstruire une histoire en 10 séquences totalement différentes avec les mêmes personnages.

Par exemple :

Le Vendeur "Parent Donnant" explique longuement et propose une démonstration très "pédagogique", Isabelle "Enfant Manipulatrice", use de son charme pour demander une remise etc...

Utilisez la grille de la page 186.

photocopier et distribuer le texte et le schéma des 3 pages suivantes →

C'EST MADAME QUI DECIDE?

Denis et Isabelle, par ce beau samedi matin d'été, vont acheter une platine K7 pour remplacer celle qui est hors service sur leur chaîne. Le magasin ouvre, un vendeur souriant, détendu, s'approche.

1 *Denis "Bonjour, nous cherchons une platine K7 dans les 800 à 1000 F, qu'avez-vous comme modèles ?"*

2 *Le vendeur "Oui, on en a reçu, allez venez avec moi, j'ouvre l'auditorium, c'est en bas allez venez !" Ils descendent côte à côte des escaliers, ils s'accroupissent à côté des enceintes pour mieux entendre, et échangent leur avis sur les nouveautés : "Vous avez le concert Pink Floyd à Versailles ?", "Ouais, c'était grandiose, vous y étiez ?". "Ouais, Ouais, on s'est pas vu !" éclats de rire ; et Denis qui finit par écouter sa musique préférée sur un vidéo laser à 12.000 F déclare "Extraordinaire".*

3 *Isabelle qui les a rejoint : "Ça va pas, 12.000 F, tu oublies qu'il y a les impôts, tu es impossible Denis !, si je n'étais pas là !" elle s'éloigne.*

4 *Le vendeur à voix basse à Denis "pour ce genre d'achat c'est elle ou c'est vous qui pouvez prendre la décision ?"*

5 *Réponse de Denis "Vous avez raison c'est mon fric, je le prend !" ils se dirigent vers la caisse où attend Isabelle.*

6 *Isabelle "Je t'interdis d'acheter ce truc". Elle se dirige seule vers la sortie.*

7 *Denis au vendeur : "Je crois qu'elle a raison finalement, je n'aime pas non plus me faire forcer la main !"*

8 *Le vendeur "Pardonnez-moi, je ne m'en suis pas aperçu, vous m'avez dit 800 à 1.000 F, nous avons deux modèles, ici, regardez monsieur, madame.*

9 *Isabelle : "quelle est la garantie exacte ?", "2 ans" répond le vendeur.*

10 *Denis et Isabelle réconciliés achètent en riant quelques vieux airs de leur adolescence et sortent en chantonnant.*

C'EST MADAME QUI DECIDE ?

Identifier les "états" présents dans les 10 séquences, et reconstituer la scène en traçant des fléches numérotées d'une séquence à l'autre.

Exemple :

- 1re séquence : Denis (AL) au vendeur (attendu AL) : Nous voudrions mettre 800 à 1000 F dans une platine K7"
  Tracer une flèche de A Denis à A le vendeur et vous la numérotez 1.

- 2e séquence : à vous de jouer.

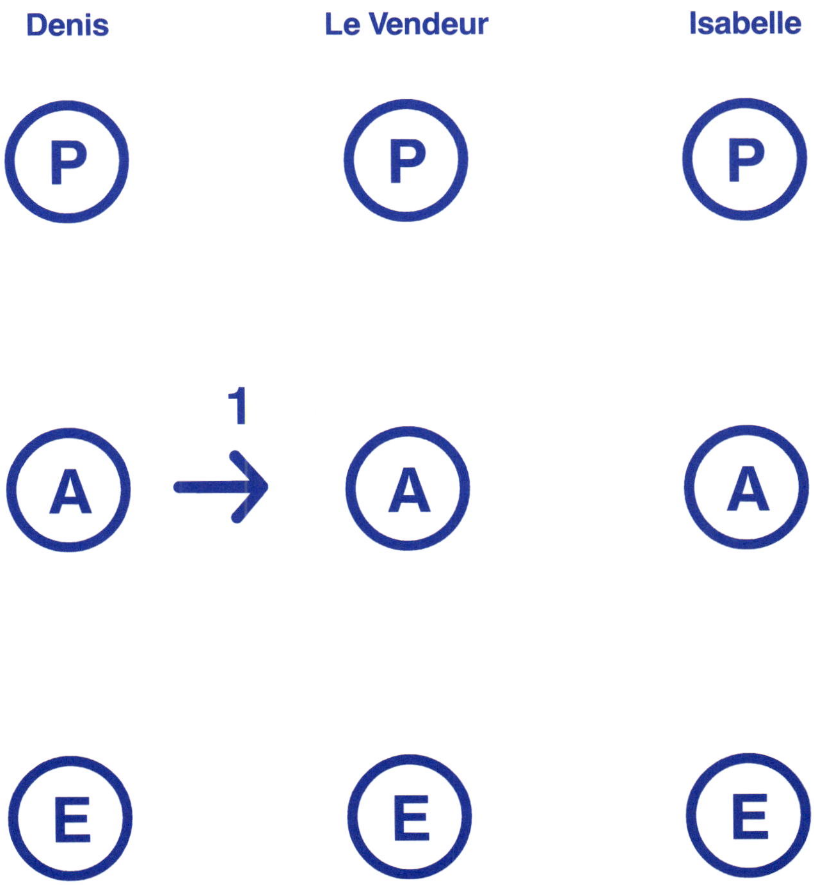

NOUVELLE HISTOIRE EN 10 SEQUENCES

1 ....
....

2 ....
....

3 ....
....

4 ....
....

5 ....
....

6 ....
....

7 ....
....

8 ....
....

9 ....
....

10 ....
....

PLONGEZ DANS LE CERCLE

PLONGEZ DANS LE CERCLE !

THEME	**La confiance.**
DUREE	**20 minutes.**
MATERIEL	**Aucun.**

Le but du jeu.

La “confiance aveugle” d’un membre d’une équipe par rapport au reste du groupe contient souvent quelques freins, réserves, arrière-pensées qui risquent de ralentir l’efficacité de l’équipe.

Cet exercice simple et drôle permet un débat plus approfondi sur les notions de cellule, de système de coresponsabilité et de team-building. Il permet à l’animateur de tester et de mettre en évidence le degré de confiance de chaque participant par rapport au groupe.

Préparation.

Un participant, les yeux bandés par une serviette de table ou un foulard se tient debout entouré de ses 4 collaborateurs les plus directs par exemple. Bien entendu l’animateur, une fois le participant rendu aveugle par le bandeau, explique (par écrit ou dans le couloir) aux 4 partenaires qu’ils n’ont absolument pas le droit de laisser choir au sol leur camarade.

Déroulement.

L’animateur demande au participant qui a les yeux bandés de se placer le dos tourné au milieu du demi-cercle des 4 partenaires (en le guidant) et de **se laisser tomber en arrière**, sans plier les genoux, en restant bien droit les bras serrés le long du corps. Son équipe se chargera de le “recevoir” en douceur avant qu’il ne heurte le sol.

Le groupe apprécie les différences de confiance qui s'expriment par les variantes d'hésitations : les genoux pliés, les bras qui décollent du corps, les mains qui se tendent vers le sol, la tête qui se tourne sur le côté comme pour regarder en arrière...

Exploitation.

Cet exercice permet une animation intéressante par la suite sur les notions de confiance, de méfiance, à la fois par rapport à un individu et par rapport à la structuration d'une équipe.

La question qui peut être posée est :

"Mr X s'est-il laissé tomber en totale confiance parce qu'il n'avait "pas peur" ou tout en ayant "très peur" parce qu'il faisait totalement confiance aux autres ?

"Mr Z a hésité, mit ses mains en arrière etc... par "peur" ou par "manque de confiance" ?

Il est également possible d'étudier cet exercice à partir des 4 "receveurs" qui, soit se précipitent pour retenir leur ami dès qu'il quitte la position verticale, soit attendent le dernier moment...

LE POETE

LE POETE

THEME	**Ressources, séquences, représentations.**
DUREE	**30 minutes.**
MATERIEL	**Aucun.**

Le but du jeu.

Nos pensées, nos émotions, notre expérience subjective suivent des processus très précis que nous n'avons pas l'habitude d'analyser. Dans ces processus (programmes), nous utilisons des *"ressources"* : connaissances, langage, énergie, souvenirs, imagination, sensations, humour, réflexion, méthodes, processus de décision, etc...

Ces ressources s'agencent en *séquences* (qui sont des opérations et des connexions neurologiques), de *représentations sensorielles*, Visuelles, Auditives, Kinesthésiques. Le tout forme ce qu'on appelle une stratégie. L'exercice consiste à identifier les séquences d'une stratégie de composition d'un poème.

Préparation.

Demander à chaque participant de rédiger un poème de 4 ou 6 lignes en rimes, sans chercher à construire des alexandrins parfaits, en laissant la spontanéité de leur état présent diriger leur création (plaisir, désagrément, confort, inconfort, colère, plénitude, énergie, etc...).

Déroulement.

Les participants lisent leurs poèmes et expliquent au groupe les ressources, séquences et modes de représentation qui les ont conduit à ce résultat.

Exemple :
"Dimanche matin
Du fond du grand lit,
De notre belle chambre bleue,
J'entends ma femme chérie,
Qui me prépare des œufs,
Voluptueusement caché sous la couette,
Je commence à trouver ma journée beaucoup plus chouette".

- Ressources : affectivité sensations et mémoire.
- Contexte de départ : chaleur, odeur, contact kinesthésique.
- Séquences : visuel associé (chambre bleue), auditif remémoré, odeur (œufs), kinesthésique +, = état de ressource : journée positive.
- Auditif construit (recherche des rimes), Visuel (écriture du texte), vérification finale auditive : récitation mentale du poème.
  Etc...

Exploitation.

L'animateur et le groupe contribuent à aider chacun à retrouver les séquences de son processus de création du poème et à repérer les stratégies suivies :

- Dans quel "état" ai-je absorbé cette tâche ?
- Comment cet "état" a-t-il dirigé ma créativité ?
- Quelles ont été les séquences VAKO qui m'ont aidé à exprimer ma créativité :
  - image
  - son
  - contact
  - odeur, goût, etc.
- Comment le texte a-t-il été finalisé ?
  - lu ? (V.)
  - récité (A.)
  - senti en émotion ? (K.)

ET SI...

ET SI...

THEME	**Créativité.**
DUREE	**30 minutes.**
MATERIEL	**Aucun.**

Le but du jeu.

Cet exercice est destiné à améliorer la créativité des participants, et à libérer des frontières de pensée qui les empêchent d'imaginer des contextes, des points de vue, des solutions réellement innovantes.

Préparation.

Chaque participant doit faire une proposition qui sera discutée par les autres :

- Et si nous n'avions tous qu'un bras...
- Et si la publicité devenait illégale...
- Et si les femmes restaient seules sur la terre, se reproduisant in vitro...
- Et si Coluche avait été élu président..
- Et si l'Afrique était couverte d'autoroutes...
- Et si la monnaie, les chèques et les cartes de crédit disparaissaient...
- Et si une bombe H éclatait sur Paris...
- Et si la vente, si le métier de commercial était interdit...
- Et si tous les téléphones, télex ou fax tombaient en panne...
- Et si on découvrait que la télévision provoque le cancer. Etc...

Déroulement.

Chaque participant prépare un exposé pour expliquer aux autres ce qui se passerait si...

Exploitation.

Cet exercice permet à chacun de libérer son imagination, ses fantasmes sur une situation peu vraisemblable.

MARCEL TROUYART

MARCEL TROUYART

THEME	**La carte du monde.**
DUREE	**15 minutes.**
MATERIEL	**Photocopies du texte.**

Le but du jeu.

Cet exercice a pour objectif de démontrer que nous percevons une réalité à travers une représentation personnelle des choses : Notre "carte du monde".

Préparation.

L'animateur du jeu propose l'énigme qu'il lit aux participants, avant de leur remettre le texte ci-contre.

Déroulement.

Les participants se répartissent en petits groupes de 5 personnes, dont une seule connaît la réponse à l'énigme. Ils tentent de la résoudre. Celui qui connaît la réponse ne doit répondre que par oui ou par non.

Exploitation.

Lorsque les petits groupes ont vainement cherché la réponse, ils reviennent dans la salle et l'animateur donne la solution :

Marcel Trouyart est un bébé de 12 mois.

L'animateur du jeu explique que ce sont les conventions de langage qui nous ont empêché de découvrir la solution :

- Nommer quelqu'un par son nom signifie qu'il est adulte.
- Marcel était un prénom à la mode dans les années 1920 - 1930.

Dans la "carte du monde" de chacun, Marcel Trouyart est dans sa voiture (au volant) et il a plus de 50 ans.

MARCEL TROUYART

Marcel Trouyart est seul dans une voiture à l'arrêt. Un voyou fait le tour de la voiture, Marcel Trouyart le suit des yeux. Le voyou sort un tournevis et raye la carrosserie de la voiture sur toute sa longueur.

Marcel Trouyart, qui a vu la scène, ne dit rien. Pourquoi ?

- *Parce que c'est la voiture de sa société et qu'il s'en fiche ?*
- *Parce qu'il est grand invalide et ne peut bouger ?*
- *Parce que dans la famille on n'est pas très courageux ?*
- *Parce qu'il fait pareil tous les jours sur d'autres voitures ?*
- *Parce que la voiture est déjà toute rayée ?*
- *Parce que* ....
- *Parce que* ....
- *Parce que* ....
- *Parce que* ....
- *Parce que* ....
- *Parce que* ....
- *Parce que* ....

LE CAMION

LE CAMION

THEME	**L'écoute.**
DUREE	**20 minutes.**
MATERIEL	**Photocopie du texte, vidéo.**

Le but du jeu.

"Le camion" est un exercice simple d'écoute et de transmission de message qui permet une toute première sensibilisation des participants aux difficultés d'écoute et à la déperdition de l'information entre plusieurs personnes.

L'effet pédagogique à exploiter est la surprise des participants lorsqu'ils découvrent les écarts entre le message de départ et le message retenu par le dernier participant.

Préparation.

Expliquer la règle du jeu aux participants :

1. Tous les participants, sauf un, quittent la salle tout en restant à proximité, pour entrer ensuite, un par un.

2. L'animateur va lire un texte à celui qui reste. Celui-ci ne devra ni prendre de notes, ni demander à ce que le texte soit répété par l'animateur.

3. Chacun devra transmettre le plus fidèlement possible au suivant le message qu'il a retenu, sans notes ni répétition.

4. L'ensemble de l'exercice sera filmé en vidéo pour servir de "témoin" des informations retenues, oubliées, ajoutées par chacun.

Brancher la caméra vidéo en cadrant le premier participant, faire sortir les autres participants, ne pas faire fonctionner le moniteur vidéo pour éviter de distraire le ou les participants.

Déroulement.

Faire sortir l'ensemble des participants sauf un, veiller à ce qu'ils ne s'éloignent pas trop (si vous êtes dans un hôtel par exemple, ils ne doivent pas retourner dans leurs chambres ou sortir).

Par contre il est possible d'utiliser une pause servie à proximité, ou encore la fin d'un repas.

Il est efficace d'appeler en 2e, 3e et 4e passage les individus que l'animateur a pu identifier dans son stage comme ayant une tendance à peu écouter les autres ou à modifier à leur guise le contenu et le sens des messages qu'ils reçoivent. Ainsi l'histoire du camion se modifiera de façon cocasse, avant que la quantité d'information ne soit réduite à peu d'unités.

Lire très lentement le texte "le camion" au premier participant.

Exploitation.

L'animateur lit le texte et se charge ensuite de faire entrer, un par un, les participants dans la salle, (ceux qui ont fait l'exercice peuvent rester dans la salle en retournant à leur place habituelle).

Lorsque le dernier est passé, l'information est réduite à 7 + ou − 2 informations (souvent très éloignées du texte de départ).

L'animateur propose une première reprojection de l'exercice qui a pour conséquence première de faire rire les participants et pour conséquence seconde de leur démontrer par eux mêmes les écarts et difficultés d'écoute.

Ce cas sert également, en début de stage, à démystifier l'outil vidéo sur un exercice très simple. Ceux des participants qui se voient pour la première fois en vidéo seront moins réfractaires sur ce premier exercice sans conséquences que sur un cas plus impliquant et plus personnel.

photocopier et lire le texte de la page suivante →

LE CAMION

"un lourd camion italien, chargé de troncs d'arbres, retournait hier soir par la route du littoral dans son pays après avoir livré des sacs de blé comme chaque semaine depuis 2 ans.

Alors qu'il fonçait à vive allure, en bas d'une descente, il a enfoncé le mur d'une école dans un virage insuffisamment signalé par les Ponts et Chaussées, bien que de nombreux accidents se soient déjà produits.

Hélas le mur de l'école a été défoncé mais personne n'a été trop grièvement blessé, à part le chauffeur".

DEJEUNER CHEZ LES RATAULD-LAPEYLE

DEJEUNER
CHEZ LES RATAULD-LAPEYLE

THEME	**Les "strokes" et les "drivers".**
DUREE	**30 minutes.**
MATERIEL	**Photocopies du texte et enregistrement vidéo.**

Le but du jeu.

1 Lorsque nous communiquons, nous adressons aux autres des "signes" de sympathie (strokes positifs) ou d'agressivité et de dévalorisation (strokes négatifs).

Ces "signes" peuvent être des mots, des gestes, des regards, des silences.

Les strokes s'envoient par séries (en rafale). Nous ne pouvons pas survivre sans strokes, et nous préférons en recevoir des négatifs plutôt que pas du tout.

2 Lorsque nous sommes dans une situation tendue (stress), nous activons un programme de comportement "automatique" qui nous est familier et qui nous rassure : nos "drivers".

Brancher son driver consiste à communiquer en pilotage automatique. Ces drivers nous ont été inculqués par notre éducation familiale.

Il existe 5 drivers, que nous utilisons parfois par groupe de deux :

- "Sois parfait !" (je poursuis l'excellence).
- "Fais plaisir !" (je dois me dévouer et satisfaire tout le monde).
- "Dépêches-toi !" (faire bien c'est faire vite).
- "Essaye plus fort !" (Il faut en baver).
- "Sois fort et ne montre rien !" (je reste de marbre et n'exprime pas mes sentiments).

Préparation.

Lire le texte aux participants, puis le leur distribuer.

Déroulement.

Phase 1.

Les participants étudient cette petite fable, recherchent les strokes, le "jeu", et identifient les drivers successifs de Maxime, Chantal et Caroline.

Phase 2.

L'animateur confirme que :

- Maxime est passé d'un programme "sois parfait" à un driver "essaye plus fort", suite au jeu où il s'est senti "victime" après l'allusion du scrabble (son seul point faible).

- Chantal fonctionne sur "dépêches-toi" après le "bénéfice négatif" à la fin de la scène avec son mari, elle se branche sur un driver "sois forte, ne montre rien".

- Caroline, intimidée par la situation, conforte son driver préféré "fais plaisir".

Exploitation.

Les participants peuvent identifier leurs drivers préférés, ceux de leur entourage professionnel et personnel.

photocopier, lire, puis distribuer le texte des 3 pages suivantes →

DEJEUNER CHEZ LES RATAULD-LAPEYLE (1)

Nous sommes dans une grande maison au centre de Tours, chez les Ratauld-Lapeyle.

Maxime Ratauld-Lapeyle est architecte. Après des études brillantes (premier de la promo), Maxime a réglé sa vie autour de son cabinet d'architecture au style dépouillé, sobre, net.

Contrairement à ses confrères, Maxime aime que chaque chose dans ses affaires et dans sa vie soit à sa place : aucun papier sur son bureau, aucun désordre dans sa voiture, ni dans sa tête, sauf peut-être un léger trouble lorsque Caroline, la jeune fille au pair qui s'occupe des enfants et de la maison, traverse le salon ou joue au scrabble avec lui et sa femme.

Chantal Ratauld-Lapeyle est infirmière à domicile. Elle démarre ses journées très tôt, sa vie ressemble à une bousculade : ne pas être en retard chez un malade, courir les magasins, préparer les enfants à toute vitesse pour le tennis, repartir à son bridge, arriver avec au moins une heure de retard au dîner, cette précipitation lui donne le sentiment d'exister.

Caroline, la jeune fille au pair est ravissante, elle adore les enfants, les vieux, ses parents, ses amis, elle est toujours prête à faire traverser une vieille dame dans la rue, à indiquer leur chemin aux étrangers, à donner une pièce et un peu de réconfort aux mendiants, satisfaire Madame qui est si débordée, et Monsieur pour lequel elle a une tendresse particulière.

Ce dimanche midi, les Ratauld-Lapeyle reçoivent Sœur Marie-Cécile, la directrice du collège des enfants. Chantal s'est levée un peu trop tard pour faire les courses au pas de charge, Maxime a apporté un soin tout particulier à dresser le couvert en alignant l'argenterie, et Caroline a offert des croissants et un gros bouquet de fleurs.

DEJEUNER CHEZ LES RATAULD-LAPEYLE (2)

Le début du repas est un peu guindé, on échange des banalités. Chantal reproche à son mari des traces sur les verres, ce qui l'agace, elle enchaîne en s'adressant à la sœur, "oui mon mari est très lent, sauf pour jouer au scrabble avec mademoiselle Caroline, là il est toujours prêt".

Piqué au vif Maxime lui répond "Moi je n'ai pas de P.V. pour excès de vitesse en ville". Un ange passe dans la pièce sur un nuage d'orage. Plus personne n'ose ouvrir la bouche.

Maxime brise le silence en se levant pour se diriger vers la cuisine en jetant un peu sèchement sa serviette sur la table. Il se reprend, sourit et plie consciencieusement sa serviette, en pensant je "dois faire plus d'efforts pour me maîtriser".

Chantal très troublée par cette scène, discrètement serre les poings et se tourne vers la sœur pour lui poser des questions sur le collège en pensant "pourvu qu'elle ne s'aperçoive de rien".

Caroline se lève pour débarrasser, pose une main amicale sur l'épaule de Chantal et sourit discrètement à Maxime. Chacun a retrouvé ses marques... Le déjeuner se poursuit dans d'aimables banalités...

MES DRIVERS PREFERES

- ....
- ....
- ....
- ....
- ....

LES DRIVERS DE MON ENTOURAGE PROFESSIONNEL

- ....
- ....
- ....
- ....
- ....

LES DRIVERS DE MON ENTOURAGE PERSONNEL

- ....
- ....
- ....
- ....
- ....

L'ENTONNOIR

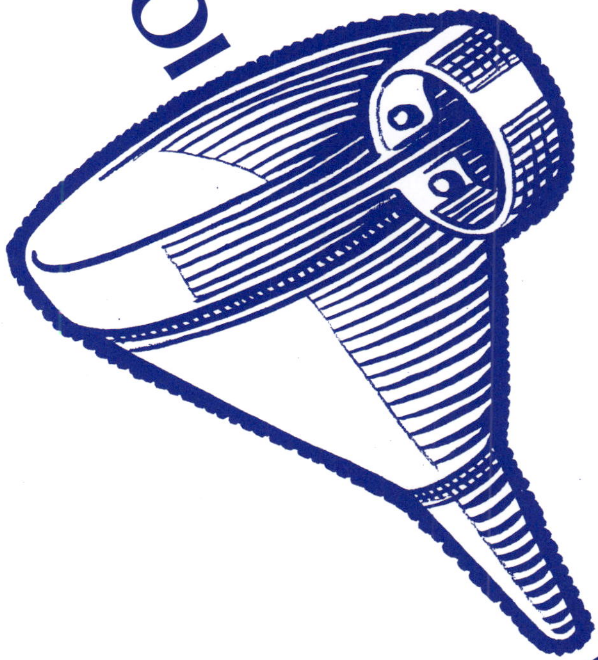

L'ENTONNOIR

THEME	**L'argumentation inductive.**
DUREE	**15 minutes.**
MATERIEL	**Photocopies de la grille.**

Le but du jeu.

Lorsque un interlocuteur nous adresse une objection il est possible de développer une stratégie en 7 étapes qui permet de retourner la situation à notre avantage.

Préparation.

L'animateur propose un exemple :

Mr A qui est le client dit à Mr B le vendeur :
Mr A : - *"Votre produit m'intéresse, je demande à réfléchir un peu".*

Etape 1 : Valoriser.
Mr B : *"Vous avez raison de réfléchir, c'est une décision importante"*

Etape 2 : Qualifier.
Mr B : *"Pour vous aider dans votre réflexion pouvez-vous me dire, sur quel point particulier allez vous réfléchir avant de prendre cette décision ?"*

Mr A : *"Heu, le prix, je voudrais le comparer avec vos concurrents".*

Etape 3 : Reformuler.
Mr B : *"Donc c'est bien notre niveau de prix par rapport à la concurrence qui vous préoccupe ?"*

Mr A : *"Heu, oui"*

Etape 4 : Isoler.
Mr B : *"Je voudrais savoir si à part le prix, j'ai été assez clair sur les autres points ?"*

Mr A : *"Globalement oui j'ai compris"*

Etape 5 : Induire.
Mr B : *"Donc si je pouvais vous donner des informations précises sur nos prix, par rapport à la concurrence, je vous ferais gagner du temps dans votre décision, car rien d'autre ne vous fait hésiter "*

Mr A : *"Eh bien... oui"*

Etape 6 : Argumenter.
Mr B : *"J'ai là un tableau de comparaison des prix de nos produits avec nos trois concurrents, nous pouvons le consulter ensemble ?"*

Mr A : *"Oui, voyons"*

Etape 7 : Conclure.
Mr B : *"Voilà nous sommes mieux placés dans 80 % des produits, l'adresse de facturation est elle la même que l'adresse de livraison ?* (Il commence à rédiger le bon de commande).

Déroulement.

Chaque participant choisit une objection et son voisin la traite en 7 étapes, par exemple :
- Monsieur à Madame : "Je ne veux pas aller au cinéma, il est impossible de se garer un vendredi soir".
- Madame à Monsieur : "Je ne peux pas sortir ce soir, je dois me laver les cheveux".

Exploitation.

L'animateur propose aux participants d'utiliser cette grille dans leurs négociations personnelles ou professionnelles.

photocopier et distribuer la grille de la page suivante →

STRATEGIE EN 7 ETAPES

1 : Valoriser.

....

....

2 : Qualifier.

....

....

3 : Reformuler.

....

....

4 : Isoler.

....

....

5 : Induire.

....

....

6 : Argumenter.

....

....

7: Conclure.

....

....

LA CONVOCATION DES ETATS GENERAUX

LA CONVOCATION DES ETATS GENERAUX

THEME	**Identification des "parties inconscientes"**
DUREE	**40 minutes.**
MATERIEL	**Photocopies du processus.**

Le but du jeu.

Notre personnalité comprend, très schématiquement, une zone de conscience, de surface, et une zone inconsciente, beaucoup plus vaste, et profonde, dont les influences déterminent la majorité de nos actes, de nos choix, de nos émotions.

Par peur, pudeur, ou inexpérience, nous ne sommes pas habitués à explorer cette zone, ses mécanismes, ses fonctions, ses contradictions.

Cet exercice permet une première incursion dans votre zone insconsciente en faisant appel aux "parties", en les identifiant avant de les faire s'exprimer, de les confronter. Une partie est un "morceau" d'insconscient qui se caractérise par son autonomie, ses choix, son identité, son influence.

Par exemple dans :
"Je veux arrêter de critiquer sans arrêt ce que disent les autres"

Nous avons une partie inconsciente qui peut s'exprimer de la façon suivante :
"Moi, partie, j'ai envie d'être plus proche des autres, plus cool"

Une autre partie inconsciente pouvant dire :
Moi partie je dois te défendre, la meilleure défense c'est l'attaque"

L'exercice consiste à convoquer "les parties", les faire s'exprimer et prendre une décision commune.

Préparation.

Demander aux participants d'identifier, en silence, un souhait face à une difficulté personnelle : *"J'ai envie d'arrêter de...", "je voudrais.....".*
Puis de se grouper deux par deux. "A" et "B".
Faire une démonstration avec un participant et distribuer le texte.

Déroulement.

Distribuer le "processus" aux participants.

Exploitation.

Cet exercice permet aux participants de découvrir l'importance de leur inconscient dans leur vie. Nous ne sommes pas unifiés mais multiples et contradictoires, nous sommes un véritable kaléidoscope dont la moindre secousse recompose les éléments dans un ordre nouveau.

Les philosophes chinois comparent l'être humain avec un "parlement" où les sessions sont souvent houleuses, où se font et se défont les majorités.

Alors que le principe démocratique semble s'imposer aux nations, en tant que règle de vie, les individus dans ces démocraties, n'ont pas conscience que leurs propres incertitudes et contraintes croisées font vivre leur "parlement interne".

De nombreux démocrates authentiques avec les autres, se conduisent en petits staliniens vis-à-vis d'eux-mêmes (dogmatisme, censure, mauvaise foi).

Nous ne sommes unifiés que lorsque nos décisions ou nos paroles impliquent l'unanimité des membres du parlement.

Le problème de la plupart des gens est qu'un groupe parlementaire (un "je" partiel) parle au nom de la totalité sans en avoir le droit, et qu'un autre "je", un autre groupe refuse le projet.

A 9 heures du matin nous voulons une chose, à midi nous en voulons une autre incompatible avec la première. Le lundi nous sommes sûrs, le mardi nous doutons, mais nous persistons à dire "je", "je veux", "je vais", "je dois". Ce n'est qu'un seul "je" qui s'engage... mais c'est un autre "je" qui doit tenir l'engagement du premier, et qui ne le peux pas car il n'a pas été consulté !

Le “nous” ne comprend pas ces contradictions, nous ne comprenons pas que nous ne puissions même pas compter sur “nous-mêmes”.

L’exercice “Convocation des Etats Généraux” permet de faire l’appel de nos divers états, de les identifier, de les laisser s’exprimer, pour découvrir l’intention cachée derrière le comportement, faire des choix prendre des décisions qui engagent la totalité.

Cette gestion est comprise et pratiquée depuis des milliers d’années par les philosophes chinois qui trouvent l’unité dans la dualité de leur Yin-Yang.

Avant 1789, le souverain n’avait guère la possibilité de mesurer les tendances, les aspirations de ses sujets, les états généraux et les assemblées qui ont suivi ont servi à l’expression des volontés pour, après délibération, légiférer et appliquer les décisions, qui par définition, sont acceptées par tous.

Ce mécanisme des parties inconscientes est donc à rapprocher de celui de nos démocraties où des changements sont à effectuer sous la pression de l’environnement, des décisions à prendre, des lois à promulguer, pour “changer la vie” comme le propose régulièrement ce slogan politique qui s’adresse sans le savoir aux changements voulus par les inconsciences individuelles.

Pour poursuivre cette comparaison, une révolution, le renversement d’un régime dont les représentants se sont décrédibilisés, correspond aux changements de l’individu qui n’accepte plus le mandat de certaines de ses “parties” pour gouverner sa vie.

Il organise alors des élections (choix) pour composer une nouvelle assemblée constituée de nouveaux élus de son inconscient. Ce changement peut se dérouler paisiblement dans une régularité démocratique, ou de façon violente en malmenant la “constitution” de l’individu.

La nouvelle représentation parlementaire restera le reflet de son histoire (tendance conservatrice, tendance libérale, tendance progressiste, tendance rigoriste).... mais la majorité aura évoluée dans un sens ou dans l’autre et l’individu (la nation) accordera sa confiance aux parlementaires jusqu’aux prochaines élections ou à la prochaine révolution.

L'animateur peut demander à un participant d'exprimer au groupe le comportement qu'il a voulu changer et les "parties" qui ont été appelées à négocier.

Les autres participants choisissent de représenter l'une ou l'autre partie.

Par exemple : "je voulais arrêter de perpétuellement critiquer ce que disent les autres".

1re partie :
J'ai envie d'être plus cool (parti libéral).

Partie adverse :
Il faut se défendre dans la vie (parti totalitaire).

Les "partis politiques" (c'est-à-dire les 2 groupes de stagiaires) sont appelés à suivre le "Processus" pour :

- *séparer l'intention du comportement,*
- *reformuler,*
- *créer des "commissions parlementaires" créatives,*
- *confronter les idées, négocier jusqu'à une solution unanime (et non majoritaire).*

L'ensemble du "débat parlementaire" est bien entendu contrôlé en permanence par le participant qui joue le rôle du président de l'assemblée nationale.

photocopier et distribuer le texte de la page suivante →

PROCESSUS

- *A exprime à B le comportement qu'il veut changer.*
- *B implique A "c'est bien toi qui est en cause ?"*
- *B invite A à déboucher sur ce qu'il fait ou ne fait pas.*
- *B reformule : "donc... si j'ai bien compris tu veux..."*
- *B vérifie la congruence du "OUI !" en réponse.*
- *B demande à A d'établir silencieusement le contact avec la "partie" inconsciente responsable du comportement non décidé.*

- *A se concentre et recherche en lui la présence vivante de cette partie. Lorsqu'il estime ressentir sa présence il lui demande un signal (cela peut être un battement de cœur, une crispation, une image ou un son).*

(Il faut remarquer que le silence obstiné de la partie est quelque part la preuve de sa présence...).

- *B demande à A d'interroger toujours silencieusement sa "partie" et de répondre oui ou non par le signal "Es-tu d'accord avec ce que tu veux changer ?" la "partie" envoie un signal "OUI !"*

- *B calibre A pendant cette première phase.*
  B sépare l'intention du comportement de A (recadrage).
- *B à A : "Qu'est-ce que ça t'apporte d'avoir ce comportement ?"*
  Après quelques questions A exprime obligatoirement une bonne intention : "être libre", "être calme", "la paix"...
- *B reformule : "donc quand ta partie génère ce comportement, ton intention est de... ?"*
- *B vérifie la congruence du OUI !*
- *B demande à A d'identifier une nouvelle "partie" (créatrice) capable de donner des idées de nouveaux comportements.*
- *B identifie la présence de cette "partie" en lui demandant un signal, en lui demandant de répondre OUI ou NON...*

- *B demande à A d'interroger sa "partie créatrice" pour demander à sa première "partie" si elle est d'accord avec ce nouveau comportement.*
  B doit recevoir le signal OUI de sa première "partie".
  Si la première "partie" n'est pas d'accord, B demande à A de revenir à l'intention positive présente derrière le comportement avant de tenter une nouvelle confrontation des "parties".
- *B demande à A de visualiser l'ancien contexte avec le nouveau comportement.*
- *B demande à A de faire revenir les deux "parties" et de les remercier.*

LE CAPITAINE

LE CAPITAINE

THEME	**L'écoute.**
DUREE	**20 minutes.**
MATERIEL	**Enregistrement vidéo.**

Le but du jeu.

"Le capitaine" est un exercice de transmission de message qui peut se dérouler lors d'un repas ou d'une pause pour détendre les participants et les sensibiliser aux difficultés de communication à partir d'un message peu clair.

Préparation.

Expliquer aux participants qu'ils devront, sans note, se transmettre "de bouche à oreille" le message suivant et sans intervenir ensuite sur le sujet.

Déroulement.

L'animateur chuchote à l'oreille de son voisin de droite, le message suivant qui devra faire le tour de la salle :

"Le capitaine Bonperchet signale à ses 3 adjoints que demain à 7 heures, il y aura certainement une éclipse partielle dans le ciel. Il donnera des explications, ce qui n'arrive pas souvent.

Tous les hommes présents devront sortir à l'extérieur, mais s'il pleut les hommes seront libres et pourront rentrer vers 8 heures".

Exploitation.

L'exploitation de ce jeu est très simple : le voisin de gauche de l'animateur note le message qu'il a reçu après le tour de table et le lit à haute voix.

Les participants prennent conscience des difficultés de communication et de transmission fidèle d'un message.

JE VEUX TUER MA FEMME

JE VEUX TUER MA FEMME

THEME	**Recadrage d'objectif.**
DUREE	**20 minutes.**
MATERIEL	**Photocopies du processus.**

Le but du jeu.

Cet exercice est destiné à permettre aux participants d'apprendre à faire exprimer à l'autre un objectif réel dissimulé derrière des objectifs apparents et mal définis. N'oublions pas qu'en cherchant bien... il existe une intention positive derrière tout comportement même monstrueux.

Préparation.

Demander aux participants de se grouper par 2 : A et B.

[A] demande à B d'exprimer un objectif fort et "libéré"
Par exemple : "je veux tuer ma femme"
"je veux casser la gueule à mon patron"

[A] demande à B : "qu'est-ce que ça va t'apporter de tuer ta femme ?

B : "la paix et la tranquillité"

[A] "qu'est-ce que ça t'apporte d'avoir la paix ?"

B : "la liberté de penser et de réfléchir"

[A] "donc ce que tu cherches, c'est d'être libre et de pouvoir réfléchir".

B : "OUI !" (calibrer la congruence du "oui")

[A] "et qu'est-ce que ça t'apporte d'être libre et de pouvoir réfléchir"

B : "d'être enfin moi même", d'être en harmonie avec moi même.

[A] récapitule : "donc ce que tu cherches essentiellement c'est d'être en harmonie toi même"

B : "OUI"!!! (calibrer la congruence du "oui")

Déroulement

Les participants effectuent l'exercice 2 par 2. A dirige l'entretien en respectant les phases suivantes :

[1] il se synchronise à B

[2] par des questions il recadre l'objectif

[3] il récapitule en reformulant

[4] il calibre la congruence des réponses "OUI" à sa reformulation

[5] il calibre la congruence de l'acquiescement final sur l'objectif réel.

Exploitation.

Cet exercice de recadrage d'objectif permet de communiquer de façon plus authentique, de déceler "l'idée cachée" de l'autre ; bien souvent de trouver quelle est l'expérience subjective souhaitée réellement plutôt qu'un objectif superficiel.

Le processus consiste à aider l'autre à passer de l'expression d'un objectif global et flou à un objectif profond, précis et authentique.

photocopier et distribuer le texte de la page suivante →

RECADRAGE D'OBJECTIF

1. A se synchronise à B

2. A recadre par des questions

3. A récapitule en reformulant

4. A calibre la congruence des réponses "OUI" à sa reformulation

5. A calibre la congruence de l'acquiescement final sur l'objectif réel.

LA BABY SITTER

LA BABY-SITTER

THEME	**Définition de fonction.**
DUREE	**60 minutes.**
MATERIEL	**Photocopies du texte.**

Le but du jeu.

Cet exercice a pour objectifs :

- De se mettre d'accord sur les rubriques et la terminologie d'une définition de fonction.
- De comprendre les relations qui existent entre ces rubriques : Responsabilités = Compétences.
- De préparer les participants à un travail sur leur propre définition de fonction ou celle de leurs collaborateurs.

Préparation.

L'animateur distribue le texte aux participants qui se répartissent en 3 sous-groupes.

Déroulement.

L'animateur fait le tour des petits groupes pour vérifier que les participants se mettent bien d'accord sur le sens qu'ils donnent aux 10 mots.

- Mission
- Responsabilité
- Tâches
- Moyens
- Liaisons
- Compétence

- Rémunération
- Evaluation
- Evolution
- Titre.

Une confusion existe souvent entre mission, responsabilités et tâches.

Exploitation.

Les participants (un par sous-groupe) inscrivent leur définition sur le paper-board, et se mettent bien d'accord sur le sens qu'ils donnent aux 10 rubriques.

L'animateur peut leur proposer alors un travail identique sur :

- Leur fonction réelle.
- Leur fonction idéale.
- La fonction réelle d'un autre poste.
- La fonction idéale d'un autre poste.
- Les écarts entre les perceptions des intéressés et celles des autres (subordonnés, chefs, latéraux etc...)

photocopier et distribuer le texte de la page suivante →

LA BABY-SITTER

Votre femme recommence à travailler après avoir élevé votre enfant pendant un an. Vous avez trouvé une crèche qui va l'accueillir de 8 heures 15 à 16 heures 30. Votre femme et vous rentrez à 19 heures.

Vous avez donc décidé de recruter une personne pour aller chercher l'enfant à la crèche (2 km), et s'en occuper chez vous jusqu'à votre arrivée, et parfois le soir lorsque vous sortez.

Pour réussir parfaitement ce recrutement vous décidez de réfléchir un peu à la fonction "Baby-sitter".

1 *Quelle est la **mission générale** que vous confierez à cette personne ? (Une définition globale qui résume votre attente).*

....

2 *Quelles sont, dans la mission, et par ordre de priorité, les 3 **responsabilités** de cette fonction ? (Ce sur quoi elle sera évaluée).*

....

3 *Quelles sont les **tâches** à accomplir ? (Le travail concret).*

....

4 *Quels sont les **moyens** à sa disposition ? (Moyens du poste).*

....

5 *Quelles sont les **liaisons** du poste ? (L'autorité, les alliés ou appuis possibles).*

....

6 *Quelle est la **compétence** centrale exigée, quelles sont les compétences latérales intéressantes ?*

....

7 *Quelle est la **rémunération** de la fonction ? (fixe, primes).*

....

8 *Comment se fera l'**évaluation** de la mission ? (Sur quels critères).*

....

9 *Comment envisager l'**évolution** de cette mission ? (Autres missions ou mission élargie).*

....

10 *Quel **titre** donnez-vous à cette fonction ?*

....

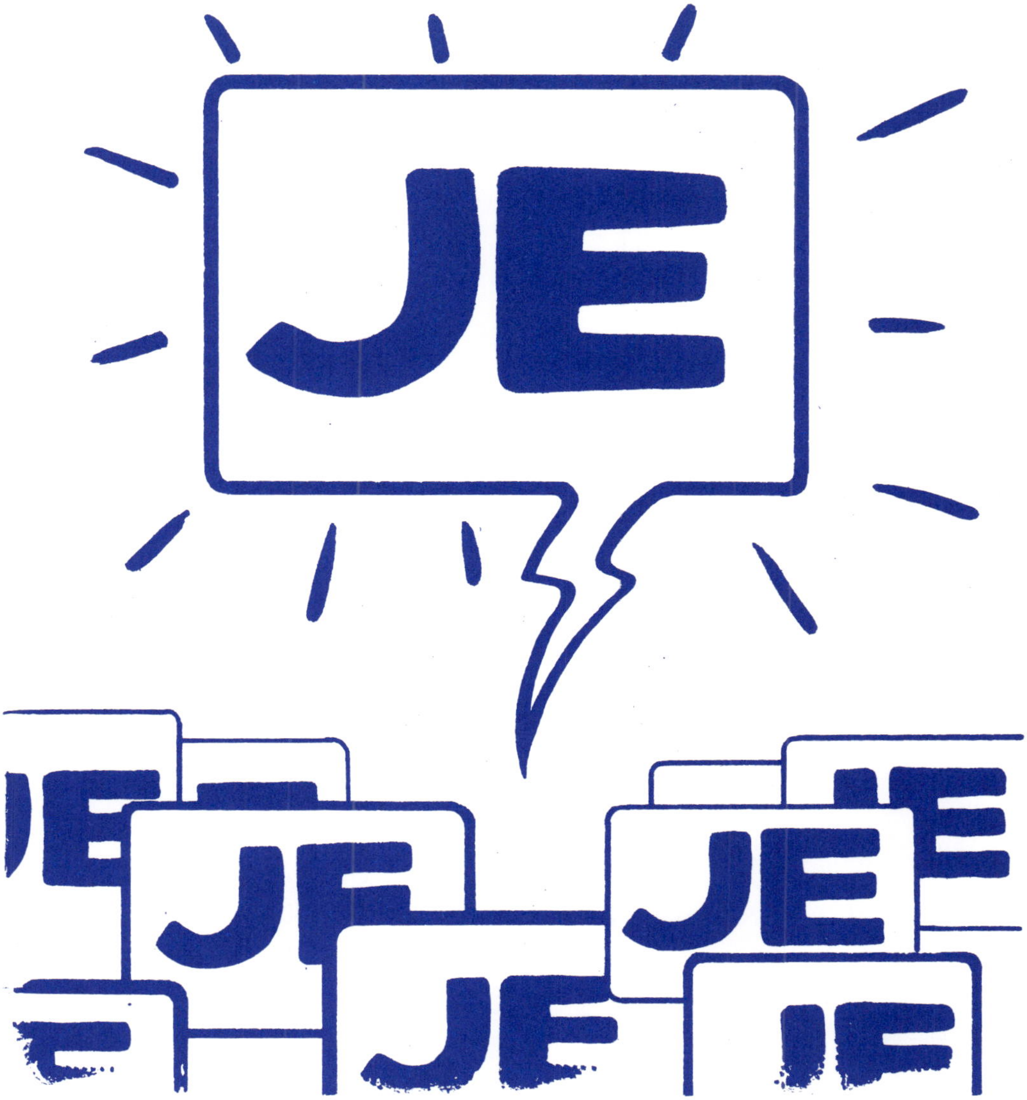

LE PREMIER QUI DIT "JE"

LE PREMIER QUI DIT "JE"

THEME	**L'empathie.**
DUREE	**15 minutes.**
MATERIEL	**Vidéo.**

Le but du jeu.

Les participants à un stage de communication ont souvent des difficultés, dans leurs échanges, à abandonner leur propre point de vue pour écouter, prendre en compte l'opinion, les idées, le point de vue de l'autre, et se placer en situation d'empathie ou d'altérité.

Préparation.

L'animateur relève les interventions d'un participant qui ne cesse de donner "son" avis, et qui débute ses phrases par "je pense que", "je crois que", etc... ou mieux il identifie ces tendances sur un enregistrement vidéo. L'animateur répartit ensuite les participants par groupes de 2 (dans la même salle)

Déroulement.

L'exercice consiste à demander aux participants de tenir une conversation sur leur entreprise, son passé, son avenir, et leur rôle personnel dans la structure. Le premier qui dit "je", "on devrait...", "ils ont..." "je crois que", "je pense que" est éliminé. Ceux qui restent s'affrontent en finale.

Exploitation.

Phase 1

L'animateur félicite celui qui est arrivé en finale, et fait remarquer que, dans un entretien il est difficile de ne pas s'imposer, ne pas mettre en avant ses propres idées.

Recevoir, écouter l'autre, ses idées, ses opinions, est profitable sans pour cela risque de "perdre" la face (bien au contraire).

Dans la plupart des séminaires l'animateur identifie un ou deux participants qui ne communiquent qu'à partir de leur propre point de vue sans écoute ni altérité. Cet exercice leur sera particulièrement dédié.

Parfois ce style est généralisé dans l'entreprise qui connaît de réelles difficultés dans les situations de communication comme les réunions, les entretiens, le travail en groupe, etc... Cet exercice est alors un point de départ pour une prise de conscience collective.

Phase 2

Le reste du travail en groupe peut consister à étudier comment et pourquoi, il est important de communiquer sur un mode d'expression qui élimine les démarrages personnels et affectifs :

- altérité,
- disponibilité,
- ouverture,
- bienveillance,
- feed-back,
- passez d'un contexte "rituel" à un contexte "activité".

LE DICTIONNAIRE

LE DICTIONNAIRE.

THEME	**L'efficacité du travail en groupe.**
DUREE	**20 minutes.**
MATERIEL	**Paper-board, photocopie du "dictionnaire".**

Le but du jeu.

Cet exercice très simple permet aux participants de prendre conscience des bénéfices du travail en groupe lors d'une situation d'apprentissage.

Préparation.

L'animateur explique que les participants vont se livrer à une expérience afin d'en retirer certaines observations sur l'efficacité du travail en groupe, qu'il ne faut rien noter, mais écouter au maximum.

L'animateur lit à haute voix les 40 mots du "dictionnaire"avec une pause d'une seconde entre chaque mot.

Phase 1.

Les participants écrivent individuellement les mots qu'ils ont retenu et en communiquent à tour de rôle le nombre sans citer les mots correspondants.

L'animateur proclame et inscrit les résultats sur le paper-board : généralement compris entre 7 et 15 mots par personne.

Phase 2.

Les participants se groupent par deux, comptent leurs mots et en communiquent le nombre. L'animateur proclame et inscrit les résultats sur le paper-board : de 15 à 30 mots par personne.

Phase 3.

Les participants se groupent par 4 (2 + 2 de la phase précédente), comptent leurs mots et en communiquent le nombre à l'animateur. Celui-ci proclame et inscrit les résultats sur le paper-board : généralement compris entre 18 et 25 mots.

Phase 4.

Les participants se groupent par 8 (4 + 4 de la phase précédente), comptent leurs mots et en communiquent le nombre à l'animateur. Les résultats sont généralement de 20 à 30 mots.

Phase 5.

L'ensemble des participants participe au jeu... et le résultat se situe généralement au-dessus de 35 mots.

Exploitation..

L'animateur fait remarquer que chacun a progressé grâce au travail en groupe.

Il est également intéressant d'observer la méthode de travail du groupe :

- qui a pris le leadership ?
- comment les informations se sont échangées ?
- qui a donné et reçu ?
- qui a fait de la rétention d'information ?

photocopier le texte de la page suivante →

LE DICTIONNAIRE

CROCODILE

TEE-SHIRT

BAMBOU

CHIGNON

VIN

CINEMA

ASPIRATEUR

CHEVAL

CLOCHER

LAVABO

CHAT

FROMAGE

LESSIVE

STYLO

MOTO

ARGENT

PERRUQUE

GOLF

JUPE

PARFUM

CHOCOLAT

BERGER

AVION

JUGE

SOUTIEN-GORGE

LAIT

CRAVATE

ENVELOPPE

POLICIER

LAMPE

CENDRIER

TELEPHONE

CHEQUIER

LIT

TAPIS

SAVON

CALENDRIER

PARAPLUIE

CHAISE

MEDECIN

LES TAGGERS

SYS

LES TAGGERS

THEME	**Propriétés des systèmes, les croyances.**
DUREE	**40 minutes.**
MATERIEL	**Photocopies du texte.**

Le but du jeu.

Cet exercice consiste à faire réfléchir les participants, aux lois qui régissent les groupes, à partir d'un cas proche de la réalité :

- L'approche systémique.
- Le fonctionnement et les propriétés des cellules.
- La coresponsabilité.
- L'homéostasie.
- La coprotection.
- La loi du tout.
- Les notions de frontière externes et internes d'un groupe.
- Les croyances, la carte du monde.

Préparation.

Distribuer le texte (2 pages) à l'ensemble des participants qui se répartissent en petits groupes de 3, pour l'étudier et répondre aux questions.

Déroulement.

L'animateur fait le tour des petits groupes pour orienter les réflexions dans le sens voulu : recherche des lois d'un système humain et abandon de considérations tels que les jugements "il faudrait les envoyer à l'armée, ça les dresserait", des compassions "les pauvres, c'est la faute de la société" ou solutions personnelles "moi ce que je ferais c'est..."

Exploitation.

L'animateur propose en synthèse un tour de table qui lui permet de présenter à partir de la matière rapportée par les groupes les idées suivantes :

- L'approche systémique, et conception globale.
- Les effets pervers d'une approche analytique.
- La vie d'une cellule, ses frontières, son noyau.
- La coresponsabilité, la coprotection.
- Les processus d'activité, de relation extérieure et la dynamique interne d'un groupe.
- Le principe de totalité : seul le contexte permet de comprendre le comportement d'un élément du groupe.
- Le principe de rétroaction : rigidité et autoprotection qui s'opposent constamment à une tendance d'évolution et de changement.
- Le principe d'homéostasie.

photocopier et distribuer le texte des 3 pages suivantes →

LES TAGGERS (1)

En sous groupe, un participant lit le texte suivant aux deux autres avant une réflexion commune pour répondre aux questions posées à la fin des 2 pages.

La cité des fleurs à Cormeille en Parisis n'a rien de très fleuri...
Les H.L.M. se sont rapidement dégradés, et abritent de nombreux adolescents défavorisés qui ont constitué la bande des TAG, bien connue dans la région pour ses exactions. La bande est constituée à 70 % d'immigrés marocains, maliens, cambodgiens dont l'âge se situe entre 13 et 18 ans, ils sont en tout 24. Ils sont vêtus de façon identique : jeans délavés, troués, rangers, T-shirts larges, et chevelure hirsute.

Leur activité consiste à "tagger" de nuit les murs de la ville et à se livrer à de la petite délinquance : vol d'auto-radios, chapardage dans les grandes surfaces etc...

Comme plusieurs d'entre eux se sont fait prendre ils se sont recyclés dans des activités plus nobles : collecte de boîtes de bière et de soda vides, qu'ils revendent 5 F le kilo à un ferrailleur de Nanterre et peuvent faire vivre le petit groupe de musique Rap, qui assourdit tout le quartier. Ils envisagent d'organiser aussi la collecte des vieux pneus et des cartons, car ils ont trouvé des acheteurs à Nanterre.

Les autres jeunes de la cité se tiennent à l'écart, les TAG ont réussi à leur interdire de porter des vêtements identiques aux leurs ainsi que la collecte des boîtes vides.

Accéder au groupe des TAG est très difficile : il faut être bizuté, chahuté, et avoir taggé un lieu original et inaccessible (le commissariat ou un pont par exemple).

Le groupe a deux chefs RIPO et LINE sa compagne. RIPO est un grand kabyle maigre de 17 ans, qui est né dans la cité, il est toujours accompagné d'une petite marocaine de 15 ans, LINE, que tous respectent comme étant la femme du chef. Tous les deux sont considérés comme intouchables, respectables, différents du groupe, tout en étant au centre, sans que l'on sache très bien pourquoi.

Ce qui impressionne les voisins de la cité c'est l'extraordinaire personnalité de ce groupe. Chaque adolescent qui rejoint le groupe abandonne la majeure partie de sa personnalité qui se fond dans le groupe. Il a le sentiment de quitter sa famille pour entrer dans celle du groupe.

LES TAGGERS (2)

Les assistantes sociales, éducateurs, policiers qui ont tenté une relation personnelle lors d'entretiens individuels, se sont heurtés à un mur, et ont tous été frappés par la "dépersonnalisation" des garçons et filles qu'ils rencontraient et qui se dissimulaient derrière la personnalité imperméable et forte de la bande. Chaque fois que l'un d'entre eux était convoqué au commissariat, ou au centre social, tous les autres attendaient sur le trottoir.

Un policier a même avancé l'idée qu'il ne servait à rien de comprendre les injures, la saleté, l'agressivité de chacun, sorti de la bande : "Pour comprendre il faudrait vivre avec eux".

La vie du groupe n'est cependant pas figée, parfois un membre propose une activité nouvelle : réparation de mobylettes à la casse, collecte de médicaments oubliés pour les expédier au Mali, ramassage des légumes après les marchés etc... Parfois, l'une de ces activités est adoptée, mais le plus souvent les TAG se recentrent sur leurs activités de base : Tag, musique et bière, qui constituent leur culture et leur certitude. La force des TAG se résume dans leur capacité à stabiliser "bétonner" et tenter de rendre éternelle l'existence du groupe.

Les éducateurs estiment que dans un univers de précarité personnelle (chômage etc...) et de précarité sociale (racisme, exclusion, etc...), la solidité du groupe procure un sentiment de sécurité qui justifie cet abandon d'identité individuelle fondu dans le groupe. Par exemple, aucun d'entre eux n'envisage l'idée de travailler dans une entreprise, de prendre un logement individuel ou de se marier et avoir des enfants.

QUESTIONS

Questions :

- *Après avoir étudié très attentivement ce texte, quelles sont les caractéristiques du groupe TAG que vous pouvez transposer dans d'autres groupes : famille, service d'une entreprise, équipe sportive, élèves d'un même établissement, militaires, maffias ou gangsters ?*

....

....

....

....

....

....

- *Pouvez-vous extrapoler des "lois" quasi biologiques qui se retrouvent dans ces "cellules" ?*

....

....

....

....

....

....

- *Quelle est la carte du monde des "TAG" ?*

....

....

....

....

....

....

FANTASMES SUR PAPIER GLACE

A.T. PNL CO

FANTASMES SUR PAPIER GLACE

THEME	**Etats du moi, positions de vie, drivers, mode de représentation, ancrage.**
DUREE	**30 minutes.**
MATERIEL	**Publicités extraites de magazines + photocopies.**

Le but du jeu.

L'œil se pose sur une publicité pour de nombreuses raisons subjectives :

- L'image et son évocation sollicitent un état du moi disponible à ce moment là :
  Publicité "Hollywood" = Enfant libre.

- Elle correspond à une position de vie :
  Le banquier de la Société Générale et son client sont OK/OK...

- Elle correspond à un Driver :
  Les lessives = "soit parfaite".

- Elle déclenche un mode de représentation :
  La bière coule dans le verre, Visuel remémoré → Kinesthésique/Gustatif = Soif + Frais etc...

- Elle constitue un véritable ancrage :
  Musique de Dim. = jambes de femme.

L'exercice consiste à demander aux participants d'analyser ces mécanismes subjectifs qui leur font dire qu'ils aiment ou n'aiment pas une publicité, sans en avoir jusqu'alors analysé les raisons.

Préparation.

L'animateur découpe une dizaine de publicités chargées de messages subjectifs dans divers revues et magazines. Il expose ces publicités numérotées sur les murs de la salle, chacun doit en choisir trois.

Déroulement.

Chaque participant doit ensuite réfléchir aux raisons subjectives de son choix sur 3 critères :

- Je l'aime parce que :...
- Je l'aime parce que :...
- Je l'aime parce que :...

Puis les exposent au groupe.

Exploitation.

L'animateur donne les informations sur ce que sont les états du moi, les positions de vie, les drivers en Analyse Transactionnelle, les mode de perception de représentation, les ancrages en Programmation Neurolinguistique.

Le travail du groupe consiste ensuite, à identifier le ou lesquels de ces paramètres a été activé dans les choix subjectifs de chacun.

photocopier et distribuer le texte de la page suivante →

JE L'AIME

• *PUBLICITE N° .... Je l'aime parce que* ....

....

....

....

....

....

• *PUBLICITE N° .... Je l'aime parce que* ....

....

....

....

....

....

• *PUBLICITE N° .... Je l'aime parce que* ....

....

....

....

....

....

L'ECRAN

PNL

L'ECRAN

THEME	**La dissociation.**
DUREE	**30 minutes.**
MATERIEL	**Photocopies du processus.**

Le but du jeu.

Une des techniques les plus connues de la P.N.L. consiste à passer d'un mode de représentation Visuel Associé à un mode de représentation Visuel Dissocié, pour modifier l'empreinte subjective des expériences agréables ou désagréables de notre vie.

Préparation.

Après une démonstration avec un volontaire, demander à chaque participant de se grouper deux par deux.

Chacun doit retrouver dans sa mémoire une situation, une expérience pénible, difficile, dans laquelle "il se sent mal" :

- Prendre la parole en public.
- Rencontrer telle ou telle personne etc...
- Rappeler un client mécontent.
- Etre arrêté par un gendarme pour un contrôle banal.
- Retourner dans un magasin faire une réclamation.
- Passer un examen.
- .....

Déroulement.

1 Dans chaque groupe de 2, l'un des participants demande à celui qui a identifié une situation pénible de s'y associer : il est DANS l'action, dans le contexte pénible, face à l'autre, acteur de la scène qu'il vit entouré de ce qu'il voit, entend, ressent, il est ACTEUR dans l'écran du film. Vérification par le calibrage Visuel Remémoré (Yeux en haut à droite) et/ou Kinesthésique (yeux en bas à gauche).

2 Il lui demande ensuite de se placer au milieu de la salle de cinéma ou se déroule le film de la situation et de se voir lui-même sur l'écran. Vérification par le calibrage Visuel Dissocié (yeux en haut à gauche).

3 Il lui demande enfin de se placer dans la cabine de projection du film et de se regarder, au milieu de la salle de cinéma, regardant le film. Vérification par le calibrage Visuel Dissocié (yeux en haut à gauche).

Exploitation.

Cet exercice permet à l'animateur d'expliquer que la position Visuel Dissocié modifie l'intensité subjective de notre expérience dans certains situations pénibles ou difficiles.

Pour aider les participants à mémoriser le processus de dissociation, l'animateur peut leur remettre une photocopie du dessin de la page 249.

← photocopier et distribuer le dessin de la page de garde
photocopier et distribuer le texte de la page suivante →

DISSOCIATION EN 3 ETAPES

1 dans le film...

→ A demande à B de s'associer à une situation pénible :
B est DANS L'ACTION, dans le contexte pénible face à l'autre, acteur de la scène qu'il vit, entouré de ce qu'il voit, entend, ressent.

B est ACTEUR dans l'écran du film.

→ A vérifie par le calibrage **Vr** (Visuel Remémoré = yeux en haut à droite) et/ou **K** (kinesthésique = yeux en bas à gauche).

2 dans la salle...

→ A demande à B de se placer au milieu de la salle de cinéma, où se déroule le film de la situation et de se voir lui-même sur l'écran.

→ A vérifie par le calibrage **Vd** (Visuel Dissocié = yeux en haut à gauche).

3 dans la cabine de projection...

→ A demande à B de se placer dans la cabine de projection du film et de se regarder au milieu de la salle de cinéma, regardant le film qui se déroule à l'écran.

→ A vérifie par le calibrage **Vd**.

Ensuite les participants changent de rôle.

LE TAPIS MAGIQUE

PNL

LE TAPIS MAGIQUE

THEME	**Etat de ressource, ancrage.**
DUREE	**40 minutes.**
MATERIEL	**Feuilles de paper-board, photocopies du processus.**

Le but du jeu.

Le jeu du tapis magique est un exercice de Programmation Neurolinguistique qui permet aux participants de modifier leur perception "désagréable" d'une réalité, dans un contexte, en perception "plus agréable" de cette réalité, ce qui leur permettra d'affronter sereinement cette situation.

Préparation.

L'animateur du jeu distribue une grande feuille de paper-board à chaque participant.

Déroulement.

Les participants se répartissent deux par deux, debout, avec leur feuille de paper-board, l'un d'entre eux place sa feuille de paper-board par terre à 50 cm devant lui. Son partenaire lui demande de rechercher, silencieusement, une ressource personnelle qu'il veut avoir "plus" à l'avenir (avoir plus de patience avec son enfant, plus d'aisance face à son patron, plus d'écoute avec sa femme, etc...)

Puis son partenaire lui demande d'éprouver un souvenir précis où il était patient, à l'aise ou à l'écoute, dans une autre situation. Son partenaire lui pose des questions sur les 3 modes VAKO : (Visuel / Auditif / Kinesthésique).

- Que vois-tu et qu'est-ce qui t'entoure ?
- Quels sont les bruits et les voix ?
- Que ressens-tu ?

Lorsqu'il éprouve la plénitude de sa patience, de son aisance ou de son écoute, son partenaire l'invite à imaginer que la feuille de paper-board est un petit tapis dont il doit graver dans sa mémoire la forme, les couleurs, les dessins, la texture etc...

Puis il lui demande de faire un pas en avant pour "transporter sans la perdre" sa patience, son aisance ou son écoute sur le tapis. Lorsqu'il est debout sur le tapis, où il a définitivement installé sa patience, son aisance ou son écoute sur les couleurs, les dessins et la texture de "son" tapis, son partenaire lui demande de revenir au point de départ (un pas en arrière). Il lui pose une question hors sujet pour créer un état séparateur :
"Qu'est-ce que tu as pris au petit-déjeuner ?"

Puis, sur la position de départ, il lui demande d'éprouver précisément les souvenirs où il manque de patience, d'aisance ou d'écoute, en retrouvant les images, les bruits et les sensations de l'une de ces situations. Lorsqu'il éprouve parfaitement, visuellement, auditivement et kinesthésiquement son "manque de ressource" (patience, aisance, ou écoute) dans un contexte précis, face à une personne identifiée, ou à un groupe bien défini, il lui demande de faire un pas en avant pour venir sur son tapis.

Lorsqu'il se retrouve, pour la seconde fois, debout sur le tapis, le participant éprouve sa ressource de patience, d'aisance ou d'écoute même dans un contexte désagréable, pénible, difficile.

Les participants inversent les rôles pour que chacun expérimente cette modification et se constitue son "tapis magique".

Exploitation.

L'animateur de jeu peut présenter quelques explications sur les notions d'ancrage, d'état de ressources, d'état interne, et de "pont vers le futur".

D'une façon plus pragmatique, l'animateur propose également à chacun de "rouler son tapis" pour l'emporter dans sa tête, et de le ressortir fictivement devant lui chaque fois qu'il éprouvera un sentiment de manque de patience, d'aisance ou d'écoute : il lui suffira d'imaginer le tapis devant lui, de faire un pas en avant pour monter sur "le tapis magique", pour se retrouver dans la patience, l'aisance ou l'écoute.

(L'animateur peut aussi distribuer des photocopies de la page de garde avec le dessin du tapis magique).

photocopier et distribuer le texte de la page suivante →

PROCESSUS DU TAPIS MAGIQUE

1 → A demande à B de rechercher, silencieusement, une ressource personnelle qu'il veut avoir "plus" à l'avenir (avoir plus de patience avec son enfant, plus d'aisance face à son patron, plus d'écoute avec sa femme, etc...).

→ A demande à B d'éprouver un souvenir précis où il était patient, à l'aise ou à l'écoute, dans une autre situation.

→ A pose des questions à B sur les 3 modes VAKO : que vois-tu et qu'est-ce qui t'entoure ? quels sont les bruits et les voix ? que ressens-tu ?

→ A calibre l'état de ressource sur le visage de B...

2 → Lorsque B éprouve la plénitude de sa patience, de son aisance ou de son écoute, A l'invite à imaginer que la feuille de paper-board est un petit tapis dont il doit graver dans sa mémoire la forme, les couleurs, les dessins, la texture etc...

→ A demande à B de faire un pas en avant pour "transporter sans la perdre" sa patience, son aisance ou son écoute sur le tapis. Lorsqu'il est debout sur le tapis, où il a définitivement installé sa patience, son aisance ou son écoute sur les couleurs, les dessins et la texture de "son" tapis, A lui demande de revenir au point de départ (un pas en arrière).

→ A pose une question hors sujet pour créer un état séparateur : "qu'est-ce que tu as pris au petit déjeuner ?"

3 → B étant sur la position de départ, A lui demande d'éprouver précisément les souvenirs où il manque de patience, d'aisance ou d'écoute, en retrouvant les images, les bruits et les sensations de l'une de ces situations.

→ Lorsque B éprouve parfaitement (calibrage), visuellement, auditivement et kinesthésiquement son "manque de ressource" (patience, aisance, ou écoute) dans un contexte bien précis, face à une personne identifiée, ou à un groupe bien défini, il lui demande de faire un pas en avant pour venir sur son tapis.

→ Lorsque B se retrouve, pour la seconde fois, debout sur le tapis, il éprouve sa ressource de patience, d'aisance ou d'écoute même dans un contexte désagréable, pénible, difficile.

Ensuite les participants inversent les rôles.

PIED DROIT

PNL

CO

PIED DROIT

THEME	**Pensée positive.**
DUREE	**30 minutes.**
MATERIEL	**Aucun.**

Le but du jeu.

Etablir un rituel de réveil grâce à la rédaction d'une liste de questions, destinées à orienter sa journée, son esprit et sa vie de façon positive.

Préparation.

Chaque participant écrit 3 questions à se poser tous les matins par rapport à nos désirs les plus chers... et trouver les réponses.

Par exemple pour un objectif global qui serait "être heureux".

- "Qui vais-je rencontrer qui va me faire rire ?"
  Réponse : un tel à tel endroit etc...

- "Quelles actions de la journée vont me rendre heureux ?"
  Réponse : dessiner, conduire, marcher...

- "A qui puis-je apporter quelque chose aujourd'hui ?
  Réponse : mes enfants, ma belle-mère, mon voisin.

Déroulement.

Les participants se répartissent 2 par 2 : A et B.

- A demande à B de se fixer un objectif général et de se poser les 3 questions.

- B exprime les questions.
- A lui demande :

- de trouver les réponses,
- d'exprimer son ressenti par rapport aux réponses trouvées.

Ensuite B fait l'exercice avec A en inversant les rôles.

Exploitation.

Selon un "objectif général de vie" ou des objectifs à plus court terme, cette habitude permet au réveil un conditionnement pour une journée positive, qui prend à contrepied une démarche fréquente :

- "Quels ennuis vais-je rencontrer aujourd'hui", "quels problèmes dois-je affronter", "quels individus dois-je supporter" etc...

Cette démarche malheureuse place un filtre qui obscurcira toute notre journée... Alors que, les participants vont rapidement le vérifier, il est facile de se lever du bon pied.

T'AS PAS CENT BALLES

T'AS PAS CENT BALLES ?

THEME	**Freins éducationnels.**
DUREE	**Une heure.**
MATERIEL	**Aucun.**

Le but du jeu.

Cet exercice est destiné à "décomplexer" les participants qui, par manque d'audace, timidité personnelle, ou en raison de freins éducationnels, n'osent pas faire certaines démarches comme entrer dans une entreprise sans rendez-vous, proposer un prix, conclure un entretien par la signature d'un contrat etc...

Préparation.

L'animateur profite de la pause après le déjeuner, ou du temps libre avant le dîner pour proposer aux participants de sortir du lieu de stage pour aller faire un tour d'une heure, deux par deux, et distribue la règle du jeu :

T'as pas cent balles ?

Vous pouvez profiter du temps libre, pour aller faire un tour deux par deux à pied ou en voiture.

- *Vous ne devez pas emporter d'argent,*
- *Vous pouvez disposer d'une carte de téléphone,*
- *Vous devez impérativement sortir de l'hôtel,*
- *Vous faites équipe deux par deux,*

- *Chacun d'entre vous devra revenir dans une heure avec :*
  1. ***un texte administratif imprimé*** *(ministère, service public etc),*
  2. ***Le prénom de l'évèque*** *du diocèse où nous sommes,*
  3. ***Deux cigarettes,***
  4. ***Une invitation*** *gratuite et précise (heure, date, lieu) à un événement divers : exposition, réunion, politique, dîner chez l'habitant (hors amis ou famille personnelle), mariage ou réception diverse dans la région.*

Déroulement.

Les participants qui n'ont pas de carte de téléphone peuvent en acheter une avant de partir. Ils doivent impérativement être de retour dans une heure.

Exploitation.

Chaque participant relate les moyens utilisés par son binôme pour obtenir ce qui est demandé, il décrit également leur collaboration et les difficultés relationnelles qu'ils ont pu observer de la part de leurs interlocuteurs.

L'animateur demande au groupe de transposer ces contextes ou l'audace ou bien le culot sont nécessaires, à des contextes de vente ou de communication interne.

LE PONT DE LA RIVIERE KWAI

A.T. SYS PNL CO

LE PONT DE LA RIVIERE KWAI

THEME	**Carte du monde, croyances, drivers, systèmes fermés, leadership, jeux, ressources, ancrages...**
DUREE	**40 minutes.**
MATERIEL	**Cassette du film, magnétoscope et T.V.**

Le but du jeu.

La simple observation de beaucoup de films donne des indications précieuses sur les phénomènes de communication. Le succès de certains longs métrages tient à un contenu particulièrement riche dans plusieurs domaines.

Les westerns, par exemple, mettent en scène un ou des persécuteurs, des victimes, et un (beau) sauveur, aidé par l'arrivée de la cavalerie en fin de scénario. De "grands films" nous ont séduit.

Mais nous ne savons pas identifier exactement pourquoi.

Le "pont de la rivière Kwai" fait partie de ces succès populaires qui ont su nous toucher à différents niveaux, car il constitue un véritable prisme reflétant la majorité des idées actuelles sur la communication, les relations et les groupes.

L'exercice consiste à demander aux participants ce qu'ils ont vu, senti, dans ce scénario connu de tous, à faire l'inventaire des mécanismes psychologiques du film, et à signaler leurs différentes perception de ces mécanismes selon les individus et leurs sensibilités.

Préparation.

Projection de la cassette du film "le pont de la rivière Kwai" en soirée, lors d'un séminaire résidentiel, sans commentaire après le film.

Déroulement.

Demander aux participants de se grouper par 3, le lendemain matin pour résumer en une page maximum "l'histoire du film" selon leur point de vue ; et compléter cette histoire par la "portée philosophique et psychologique du film" en une page maximum.

Exploitation.

La majorité des concepts de communication se trouvent dans ce film. L'animateur pourra, après avoir laissé s'exprimer les rapporteurs des groupes, compléter et préciser leurs découvertes :

- L'ancrage du chant sifflé, soutien auditif des prisonniers anglais.
- La carte du monde différente pour Alec Guiness et William Holden, l'un voulant faire "son" pont, l'autre poursuivant une stratégie globale de destruction des ponts.
- Les croyances : le style de discipline et de commandement britannique soutient ces hommes, à l'autre bout du monde.
- Les drivers : du colonel japonais et d'Alec Guiness "Sois fort et ne montre rien".
- Les systèmes : le groupe de prisonniers reproduit exactement les 4 propriétés des cellules humaines : autoprotection, homéostasie, totalité, rétroaction.
- Le leadership : Alec Guiness leader naturel même au cachot.
- Etats de ressources : construire un pont : stratégie de réussite.
- Jeux : Victime-Sauveur-Persécuteur, en alternance entre le colonel japonais, William Holden et Alec Guiness.
- Besoins : survie, autoaccomplissement.

La liste n'est pas limitative, car l'expérience prouve qu'une discussion sur ce film permet d'introduire un débat sur la majorité des idées actuelles sur la communication.

BIBLIOGRAPHIE, FILMOGRAPHIE.

• Maris et femmes
• Dieu, Shakespeare et moi
Woody ALLEN, Seuil : point virgule

• Using your brain for a change
• Trance-formations
• Reframing
• Frogs into princes
• The structure of magic
Richard BANDLER,
John GRINDER,
Real people press.

• Vers une écologie de l'esprit,
Gregory BATESON, Seuil.

• La cérémonie de Naven
Gregory BATESON,
Editions de Minuit.

• Des jeux et des hommes
Eric BERNE, Stock
• Que dites-vous après avoir
dit bonjour
Eric BERNE, Tchou.

• Derrière la Magie
Alain CAYROL, Inter éditions.

• Les nouveaux outils de l'analyse
transactionnelle
Dominique CHALVIN, ESF.

• Les pensées
Pierre DAC, Cherche Midi.

• Les chemins de la sagesse
Arnaud DESJARDIN, Table Ronde

• L'analyse transactionnelle
• La P.N.L.
René de LASSUS, Marabout.

• On becoming a person
Carl R. ROGERS, H.M.C.

• Sexe, mensonge et vidéo
Cliff MARTINEZ,
Stephen SODERBERGH

• Le chemin le moins fréquenté
Scott PECK, J'ai Lu "New Age".

• Le macroscope
Joël de ROSNAY, Points.

• Une logique de la communication
• La nouvelle communication
• La réalité de la réalité
Paul WATZLAWICK, Points.

• Les cheveux du baron
de Münchhausen
Paul WATZLAWICK, Seuil.

62 JEUX DE COMMUNICATION.

☐ Oui, je désire recevoir .... exemplaires de "62 JEUX DE COMMUNICATIONS"

☐ Je joins mon règlement de 280 F T.T.C. par exemplaire (250 F + 30 F de frais d'expédition, emballage, routage, etc...)
soit 280 F T.T.C. × .... = ... F T.T.C.

Chèque à l'ordre de EGICO - 39230 CHAUMERGY

NOM .... Prénom ....
PROFESSION ....
SOCIETE ....
ADRESSE ....
....
CODE POSTAL |_|_|_|_|_| VILLE ....
TEL. .... FAX. ....

☐ Je souhaite recevoir une facture

RETOURNER CE BON A :

EGICO - 39230 CHAUMERGY - TEL. 84.48.68.00 - FAX. 84.48.65.33

Vous avez un projet de livre...
Vous maîtrisez bien un sujet...
Vous êtes passionné par une nouvelle approche...
dans le domaine de la communication, de l'entreprise, du développement personnel ou du bien-être.

Nous pouvons vous aider à publier votre livre en vous associant au développement des éditions EGICO.

Prenez contact avec nous, en envoyant :

- un résumé du sujet
- un plan de l'ouvrage
- toutes vos coordonnées et une brève fiche signalétique sur le ou les auteur(s).

Nous étudierons votre projet avec soin et vous recontacterons dans les 2 mois qui suivront la réception.

A votre plume ou à votre Mac. A très bientôt.

Adressez votre envoi :

Editions EGICO / Groupe STARTER - 39230 CHAUMERGY

Les secrets de la persuasion expliqués aux grands ambitieux et aux petits malins.
Grâce à un roman facile à lire, vous découvrirez en seconde partie du livre les techniques de la rhétorique, de l'analyse transactionnelle et de la PNL.

130 F TTC + frais d'envoi 30 F

Méthode pratique, simple et efficace. Elle vous révèle le langage du succès expérimenté et rodé sur le terrain (applicable à tous les types de vente). Depuis plus de 10 ans, au contact des vendeurs, les auteurs ont noté les mots et les phrases clés des vendeurs qui réussissent.

130 F TTC + frais d'envoi 30 F

BON DE COMMANDE

EGICO - 39230 CHAUMERGY - TEL. 84 48 68 00 - FAX. 84 48 65 33 36.15 FITL✱EGICO

NOM. . . . . Prénom . . . .

ADRESSE. . . . .

. . . .

. . . .

Merci de m'adresser :

. . . . . exemplaires "LES MOTS QUI FONT VENDRE PLUS"

à 160 F TTC l'exemplaire, frais d'envoi inclus

. . . . . exemplaires "ZA" à 160 F TTC l'exemplaire, frais d'envoi inclus.

Ci joint mon règlement de . . . . **F TTC** ☐ Je souhaite recevoir une facture.

Dépôt légal 2e trimestre 1993

Achevé d'imprimer sur les presses de l'Imprimerie FUCHEY S.A.
21230 Arnay-le-Duc le 22 avril 1993.